Pax – ein (un)erfüllbarer Traum?

Peter Cornelius Mayer-Tasch

Pax – ein (un)erfüllbarer Traum?

Peter Cornelius Mayer-Tasch
Schondorf am Ammersee
Deutschland

ISBN 978-3-658-47803-2   ISBN 978-3-658-47804-9 (eBook)
https://doi.org/10.1007/978-3-658-47804-9

Die Deutsche Nationalbibliothek verzeichnet diese Publikation in der Deutschen Nationalbibliografie; detaillierte bibliografische Daten sind im Internet über https://portal.dnb.de abrufbar.

© Der/die Herausgeber bzw. der/die Autor(en), exklusiv lizenziert an Springer Fachmedien Wiesbaden GmbH, ein Teil von Springer Nature 2025

Das Werk einschließlich aller seiner Teile ist urheberrechtlich geschützt. Jede Verwertung, die nicht ausdrücklich vom Urheberrechtsgesetz zugelassen ist, bedarf der vorherigen Zustimmung des Verlags. Das gilt insbesondere für Vervielfältigungen, Bearbeitungen, Übersetzungen, Mikroverfilmungen und die Einspeicherung und Verarbeitung in elektronischen Systemen.
Die Wiedergabe von allgemein beschreibenden Bezeichnungen, Marken, Unternehmensnamen etc. in diesem Werk bedeutet nicht, dass diese frei durch jede Person benutzt werden dürfen. Die Berechtigung zur Benutzung unterliegt, auch ohne gesonderten Hinweis hierzu, den Regeln des Markenrechts. Die Rechte des/der jeweiligen Zeicheninhaber*in sind zu beachten.
Der Verlag, die Autor*innen und die Herausgeber*innen gehen davon aus, dass die Angaben und Informationen in diesem Werk zum Zeitpunkt der Veröffentlichung vollständig und korrekt sind. Weder der Verlag noch die Autor*innen oder die Herausgeber*innen übernehmen, ausdrücklich oder implizit, Gewähr für den Inhalt des Werkes, etwaige Fehler oder Äußerungen. Der Verlag bleibt im Hinblick auf geografische Zuordnungen und Gebietsbezeichnungen in veröffentlichten Karten und Institutionsadressen neutral.

Springer ist ein Imprint der eingetragenen Gesellschaft Springer Fachmedien Wiesbaden GmbH und ist ein Teil von Springer Nature.
Die Anschrift der Gesellschaft ist: Abraham-Lincoln-Str. 46, 65189 Wiesbaden, Germany

Wenn Sie dieses Produkt entsorgen, geben Sie das Papier bitte zum Recycling.

Inhalt

Vorwort   7

A. Pax – der ewige Menschheitstraum

Prolog   13

I.   Pax vobiscum… oder:
Friede den Menschen auf Erden…   17

II.   Der Friede in Staat und Gesellschaft   31

III.   Si vis pacem… oder:
Der Friede zwischen den Staaten   43

IV.   Der Familienfriede   55

V.   Dona nobis pacem oder: Der Seelenfriede   67

VI.   Der Friede in und mit der Natur   77

VII.   Requiescat in pace oder: Der Gottesfriede   89

Epilog   95

B. Mediation – der Königsweg zum Frieden

I.   Mediation als soziopolitisches Phänomen   99

II.   Mediation im Rechts-, Wirtschafts- und
Gesundheitswesen   107

III. Mediation in Kunst und Wissenschaft 113

C. Von der praktischen zur kosmischen Konkordanz oder: Was hat Politik mit Liebe zu tun?

Von der praktischen zur kosmischen Konkordanz 121

Anmerkungen 143

> Beginnt eine Revolution des Mitgefühls!
> Seid Rebellen des Friedens!
> *Der Appell des Dalai Lama*
> *an die Welt (2027)*

Vorwort

Als Heidelberger Rechts-, Politik- und Philosophie-Student hörte der Autor dieser Schrift Anfang der 60er-Jahre Dolf Sternbergers dortige Antrittsvorlesung. Sie trug den Titel „Das Ziel der Politik ist der Friede".

Empirisch gesehen, ist dies eine eher fragwürdige These. Nicht jede Politik hat den Frieden im Blick oder – falls doch – oft eher einen Frieden nach eigenen Vorstellungen und nach einem kriegerisch oder doch streitig zu erreichenden „Endsieg". Dies gilt auf internationaler Ebene im Großen wie auf allen sozialen und zwischenmenschlichen Ebenen im Kleinen.

Normativ gesehen freilich ist diese These nicht nur höchst plausibel, sondern auch zumindest dann unabweisbar und unüberholbar wenn man die Devise Albert Schweitzers bejaht, dass wir Alle „Leben" (sind) „inmitten von Leben, das leben will". Nichts nämlich kränkt und gefährdet nicht nur das „Gute Leben" (Aristoteles), sondern auch das Leben selbst mehr als in ihren Auswirkungen und Weiterungen oft völlig unberechenbar Konflikte. Auch wer die Gewinnung einer umfassenden und dauerhaften Friedensordnung nur im Jenseits für vorstellbar, im Hier und Jetzt aber für einen unerfüllbaren Traum hält, wird zugeben müssen, dass dieser Traum aus nur allzu verständlichen Gründen stets aufs Neue geträumt und ab und an unter günstigen Umständen auch wenigstens für einige oder auch geraume Zeit verwirklicht werden kann.

Unter dem die Thematik dieser Schrift zusammenfassenden lateinischen Gesamttitel PAX (= Friede) umfasst dieser Band drei Teile. Im ersten Teil wird die Friedensthematik unter verschiedenen Aspekten erörtert. Der zweite Teil zum Thema Mediation widmet sich einer Vorgehensweise, die der Autor als Königsweg zur Konfliktbehebung und Friedensgewinnung betrachtet. Der unter den lockeren Titel „Was hat Liebe mit Politik zu tun?" gestellte dritte und letzte Teil verfolgt einen Weg von der Oberfläche in die Tiefendimension der Thematik. Wenn liebevolle Beziehungen im zwischenmenschlichen Bereich – solange sie währen – zugleich auch friedvolle Zustände signalisieren, führt dies unausweichlich zu der Frage, wo der Urgrund der Liebes- und damit auch der Friedenshoffnung und Friedenssehnsucht zu suchen sei. Mit anderen Worten: Es geht hierbei um die Nachverfolgung des Weges von der für die Aufrechterhaltung des sozialen und politischen Friedens stets aufs Neue unverzichtbaren Gewinnung einer praktischen Konkordanz nicht nur zwischen potentiellen Liebes*partnern*, sondern auch zwischen potentiellen Konflikt*parteien* zur letztlich alle Friedens- und Liebessehnsüchte bergenden kosmischen Konkordanz. Ein Weg dies, der nur durch das Bewusstsein der Menschen führen kann und deshalb auch im Brennpunkt des unter dem Signum PAX stehenden „ewigen" Menschheitstraumes steht.

A. Pax – der ewige Menschheitstraum

Prolog

Wer kennt sie nicht, die christliche Weihnachtsbotschaft: „Ehre sei Gott in der Höhe und Friede den Menschen auf Erden" – nach dem Zeugnis des Evangelisten Lukas (2, 13/14) den Hirten verkündet „von einem Engel und „himmlischen Heerscharen". Wem sollte bei solcher Kunde nicht wohlig und feierlich zumute werden? Wer würde sich da nicht beruhigt und „befriedigt" entspannen und zurücklehnen? Dies jedenfalls möchte man beim Empfang dieser Friedensbotschaft meinen. Gilt dies aber für jeden Mann und jede Frau? Gilt dies für jede Lebenssituation, jetzt und immerdar?

Friede, so könnte man annehmen, sei ein allen Menschen teurer Wert – im Großen wie im Kleinen: Der zahlreiche Einzelschicksale bestimmende Friede innerhalb von Staat und Gesellschaft, der das Schicksal ganzer Völker entscheidende Friede zwischen den Staaten, der jede und jeden Einzelne(n) betreffende Friede im Schoß der Familie, der innere Friede in der Begegnung mit sich selbst, der im Laufe der zivilisatorischen Entwicklung der letzten beiden Jahrhunderte so existenziell bedeutsam gewordene Friede des Menschen mit der Natur – und schließlich auch der jedes menschliche Leben potenziell krönende „Gottesfriede" an und jenseits der Schwelle zum Jenseits.

Zumindest die Rede also ist von Frieden allerorten. Wie jedoch die Erfahrung lehrt, wird gemeinhin mehr über das Erstrebte als über das Erreichte gesprochen. So auch hier. Denn „die Verhältnisse, sie sind nicht so" (Bert Brecht in der Dreigroschenoper). In aller Regel sind es vor allem Diejenigen, die ihre zwischenmenschlichen Beziehungen und ihre wirtschaftlichen, sozialen und politischen Lebensumstände für erfreulich oder jedenfalls für annehmbar halten, die auch den Zustand des Friedens auf all diesen Ebenen für erstrebenswert halten, weil er ihren gegenwärtigen Status und dessen weitere gedeihliche Entwicklung zu sichern verspricht. Zumindest werden sie diesen Friedenszustand in der Regel für attraktiver halten, als einen mit schwer vorhersehbaren Risiken und Gefahren verbundenen Kampf um (noch) bessere Lebensbedingungen, wenn dieser Kampf unausweichlich in einen Konfliktzustand zu führen droht.

Übermäßiger Expansionswille und Fehleinschätzungen der Kräfteverhältnisse (und damit der eigenen Erfolgsaussichten) können diese Wahrscheinlichkeitsannahme freilich obsolet werden lassen. Dies gilt selbstverständlich auch für all' Diejenigen, die ihre gegenwärtigen Lebensbedingungen für wenig erfreulich oder gar für unerträglich halten. Diese „Unzu-friede-nen" werden dazu neigen, einen Konflikt zu wagen, wenn ihr Friedensbruch die Aussicht auf eine Verbesserung ihrer Lebensbedingungen verspricht. Wie die Erfahrung lehrt, gibt es diese Option in vielen Varianten und in allen Lebensbereichen. Am Spektakulärsten manifestieren sie sich auf der Ebene der (nationalen wie der internationalen) Politik. Man denke an die Rebellion der sich auf „die ew'gen

Prolog

Rechte, die droben hangen unveräußerlich" (Stauffacher in Schillers Wilhelm Tell) berufenden Opfer von Willkür und Gewalt – an den Sklavenaufstand des Spartakus etwa oder den Aufstand im Warschauer Ghetto. Man denke aber auch an die Fehleinschätzung der Übermuts-Aggressoren Krösus, Hitler und Putin, um nur Wenige von Vielen zu nennen. Ähnliches gilt aber auch für zahlreiche Aufkündigungen des innerstaatlichen ‚Landfriedens', zuweilen auch des gesamtgesellschaftliche Störungen auslösenden Arbeitsfriedens durch Gruppierungen mit fachlichem Monopolcharakter – Lokomotivführer etwa, Fluglotsen oder Piloten. Und im Kleinrahmigen gilt dies schließlich auch für Nachbarschaftsfehden und Erschütterungen des Hausfriedens innerhalb der Familien.

Angesichts der über die Jahre, Jahrhunderte und Jahrtausende hin stets aufs Neue erfahrbaren Vielzahl von Varianten im Umgang mit Einigkeit und Zwist, Ruhe und Aufruhr wird man bei der Suche nach den Motiven von Friede und Friedlosigkeit zwangsläufig auf deren anthropologische Ursachen verwiesen. Von ihnen mag nun im Folgenden zunächst die Rede sein.

I. Pax vobiscum…
oder: Friede den Menschen auf Erden…

Was „der Engel" und die „Himmlischen Heerscharen" den Hirten in ihrer neutestamentarischen Weihnachtsbotschaft verkünden, kann nur als Appell, nicht aber als Verheißung verstanden werden. Selbst dann nämlich, wenn man die „real existierenden" Umstände jener Zeit in Palästina und dem Rest der Welt ausblenden würde, bliebe da die alttestamentarische Erzählung vom Schicksal der ersten Menschen.

Mit dem Brudermord von Adam und Evas erstgeborenem Sohn Kain an seinem Bruder Abel (Moses 1, 4, 3-12) begründen die abrahamitischen Religionen die Ursprungsgeschichte der menschlichen Friedlosigkeit. Ein Mythos dies, dessen zahllose faktische Spiegelungen die gesamte Menschheitsgeschichte in gleichem Maße durchziehen wie die Versuche, der Engelsbotschaft gerecht zu werden oder die Friedlosigkeit wenigstens in erträglichen Grenzen zu halten. In der Geschichte von Kain und Abel ist es offenbar die ungehemmte Selbst- und Eifersucht des Erstgeborenen, dessen Opfer (aus ungenannten Gründen) nicht angenommen wird, die zum Auslöser seiner tödlichen Aggression wird. Wenn man den – unzweifelhaft in der Absicht, eine Friedensordnung zu begründen, geschaffenen – mosaischen Dekalog betrachtet, wird man schnell erkennen, dass die Moses vom Herrn des Berges Sinai „diktierten" zehn Gebote bereits die Antwort auf eine ganze Palette weiterer potenziell friedensgefährdender Verfehlungen sanktionieren. Und Vergleichbares gilt auch für alle anderen normativen Versuche, sowohl aktuell erfahrbare als auch potenziell erwartbare zwischenmenschliche Übergriffe einzuhegen. Frühe Gesetzgebungsakte wie u.a. der babylonische Codex Hammurabi (um 1800 v. Chr.), die Reformgesetze des Atheners Solon (um 600 v. Chr.) und das altrömische Zwölftafelgesetz (um 450 v. Chr.) verfolgten dasselbe Ziel. Erst recht gilt dies für alle die gesamte Menschheitsgeschichte durchziehenden moralischen Appelle. So etwa für die (in dem deutschen Merkvers „Was du nicht willst, daß man dir tu, das füg' auch keinem anderen zu" gebündelte) „goldene Regel" der Stoa oder die Ermahnungen Jesu in den von den Evangelisten Matthäus (Matth. 5-7) und Lukas (Lukas 6, 27 ff) überlieferten Predigten, die zur schriftlichen Grundlage der christlichen Ethik wurden.

Mit moralischen Appellen allein lässt sich der menschlichen Natur freilich nicht ohne Weiteres beikommen – und schon gar nicht leicht „Staat machen" um eine beliebte Redewendung beim Wort zu nehmen. Die Aggregation und Organisation der Menschen in Staatsverbänden nämlich scheint in historischer Perspektive die vergleichsweise sicherste Garantie für eine Friedensordnung innerhalb dieser Staaten zu bieten.

Wie es zu solchen Staaten kommt, skizziert idealtypisch der Ziehvater der Politikwissenschaft, Aristoteles von Stagira, im ersten Buch seines Grundlagenwerkes zur „Politik": Zunächst, so Aristoteles, verbinden sich „diejenigen Individuen…die ohne einander nicht sein können, also…Weibliches und Männliches der Fortpflanzung wegen"…, sodann „von Natur Herrschendes und Beherrschtes" der wechselseitigen Erhaltung wegen", wobei Aristoteles keinen Zweifel daran lässt, dass überlegene Geisteskraft den Herrn und Körperkraft den Knecht charakterisiert – eine natürliche Hierarchie, die sich im Verhältnis des „kleinen Mann(es)" zum „pflügenden Ochsen" spiegelt. „Aus diesen beiden Gemeinschaften" – d.h. der Gemeinschaft von Mann und Frau und Herr und Knecht – „entsteht zuerst das Haus". Aus diesen Hausgemeinschaften aber entsteht „um der über den Tag hinausreichenden Bedürfnisse willen…die Dorfgemeinde". Aus mehreren Dorfgemeinden, so Aristoteles, entsteht „der Staat, eine Gemeinschaft, die…um des Lebens willen entstanden ist und um des vollkommenen Lebens willen besteht".

Die von Aristoteles aus philosophischer Vogelperspektive gesehene und erzählte Entstehungsgeschichte des Staates folgt einer pragmatischen Rationalitätsspur, sagt aber wenig über die konkreten Modalitäten der einzelnen Entwicklungsschritte – sagt nichts darüber aus, auf welche Weise sich Männliches und Weibliches und Herr und Knecht zusammenfinden. Man erfährt nichts darüber, wie es zur Verbindung der einzelnen Hausgemeinschaften zur Dorfgemeinde und wie es zur Vereinigung etlicher Dorfgemeinden zu staatlichen oder staatsähnlichen Organisationen kommt. Erfolgen all diese Verbindungen in wechselseitigem Einvernehmen oder ist dabei Gewalt und damit Friedlosigkeit im Spiel?

Die historische Erfahrung lehrt ein Sowohl-als-Auch. Wechselseitige Anziehung zwischen den Geschlechtern dürfte es schon immer gegeben haben – ebenso wie überlebensorientiertes Vernunftdenken. Aber auch genügend brutalere Varianten sind bekannt. Der „Raub der Sabinerinnen" war kein historischer Einzelfall. Dieselbe Ambivalenz gilt aber idealtypisch auch für die Verbindung von Herr und Knecht, wobei schon Aristoteles die Rolle des Vorausschauenden als des von Natur aus zur Herrschaft Berufenen und damit die Rolle überlegener Geisteskraft bei der Bildung hierarchischer Organisationsstrukturen betont. Nackten Eroberungs- und Unterjochungskriegen und –pogromen bis hin zu den neuzeitlichen arabisch-afrikanischen Sklavenzügen und den faschistischen und sowjetischen Zwangsarbeiter-Rekrutierungen der jüngsten Geschichte stehen – nach dem Grad des Interesses und der fachlichen Befähigung erfolgende – freiwillige Einordnungen in sich bildende oder bestehende Wirtschafts- und Gesellschaftsformationen gegenüber. Sowohl theoretisch vorstellbar als auch historisch belegbar ist die Bildung von Dorfgemeinden als Folge pragmatisch motivierter nachbarschaftlicher Abmachungen, aber auch durch hoheitliche Akte (z.B. durch die Belehnung einer mittelalterlichen Siedlergruppe mit Land) oder gewaltsame Aktionen (z.B. die erzwungene Zusammenfassung einzelner Gehöfte oder Siedlungen durch eine interne oder externe „starke Hand"). Und auch für die Bildung autarker Staatsverbände kann und konnte im Prinzip nichts Anderes gelten. Auch insoweit ist sowohl vorstellbar als auch historisch belegbar, dass bei solchen Aggregations- und Organisationsereignissen neben Unterwerfungsaktionen unterschiedlicher Art nicht selten auch Motive pragmatischer Freiwilligkeit mit im Spiel sind und waren. In besonderem Maße gilt dies, wenn die Neubildung oder doch Neuorganisation eines Staatsverbandes mit Zustimmung des überwiegenden Teils der Bevölkerung erfolgt, wie dies etwa bei der Entstehung des Staates Israel in Palästina oder auch beim Zerfall der DDR und ihrem schließlichen Beitritt zur BRD der Fall war. Ein politisches Ereignis Letzteres, das sich als eine Art von (fast) friedlicher Revolution deuten lässt.

Bei all' den skizzierten Entwicklungs- und Veränderungsschritten im Zuge der Staatswerdung ist unverkennbar, dass ihnen als Grundmotiv stets der menschliche (Über-)Lebenswille und, mehr noch, das - von Aristoteles zum Ziel seiner politikphilosophischen Lehren erklärte – menschliche Streben nach einem möglichst „guten Leben" zugrunde liegt. Grundvoraussetzung aber für eine erfolgversprechende Entfaltung bei all' diesen Bestrebungen sind friedliche Lebensbedingungen. Solche lassen sich jedoch in aller Regel am ehesten dort erreichen, wo „die Willkür des einen mit der Willkür des anderen nach einem allgemeinen Gesetz der Freiheit vereinigt werden kann" (Immanuel Kant). Ein solches – wie auch immer im Einzelnen beschaffenes – „Gesetz der Freiheit" kann jedoch nur ein soziales Gebilde eines hohen Organisationsgrades und einer entsprechend hohen Durchsetzungskraft normieren und garantieren. Und obwohl Aristoteles in seiner Staatsentstehungslehre dies nicht ausdrücklich sagt, wird man davon ausgehen können, dass er den in wachsenden Vergesellschaftungsringen entstandenen Staat nicht zuletzt deshalb als die „vollkommene Gesellschaft" apostrophiert, "die gleichsam das Ziel vollendeter Selbstgenügsamkeit erreicht hat", weil *sie* es ist, die eine umfassende Friedensordnung zu normieren und zu garantieren vermag. Auch dies freilich nur dann, wenn sie in einer „guten Verfassung" ist – ein Ziel, dessen Voraussetzungen den Gegenstand der aristotelischen Staatslehre ausmacht.

Dass die Schaffung und Bewahrung einer „nachhaltigen" Friedensordnung fundamentales Staatsziel sein muss, ergibt sich schon aus den anthropologischen Voraussetzungen jeder Staatlichkeit. Im Kern enthalten alle ethischen Grundsätze der Menschheit samt ihrer rechtlich-politischen Umsetzungen eine Friedenshoffnung und ein Friedens(an)gebot. Insofern mag man sie auch als Konkretisierung der mit der Weihnachtsgeschichte verbundenen Maxime „Ehre sei Gott in der Höhe und Friede den Menschen auf Erden" betrachten. Aus der Perspektive dieser von der abendländischen Religionstradition *urbi et orbi* verkündeten Weihnachtsbotschaft scheint sowohl die Friedenshoffnung als auch das Friedens(an)gebot göttlicher Herkunft zu sein. Ein von den Kündern und Vertretern der christlichen Lehre stets bekräftigter Anschein dies, der sich jedoch bei näherem Zusehen als zumindest fragwürdig erweist – zumindest dann als fragwürdig erweist, wenn man sich als Kind der Aufklärung damit schwertut, an einen „persönlichen", in die Geschicke der Menschheit unmittelbar und kollektiv wie individuell gezielt eingreifenden Gott zu glauben. Wer eher zu der von dem holländischen Religionsphilosophen sephardischer Herkunft Baruch de Spinoza in seinem „Tractatus theologico-politicus" von 1670 vertretenen Gleichsetzung von „Deus sive natura" (Gott oder die Natur) neigt, wird seinen Blick in erster Linie auf die Gesetzlichkeiten dieser von einem unpersönlichen Schöpfergott im sog. Urknall in Zeit und Raum entlassenen und alles Lebendige durchwirkenden Natur richten müssen. Dabei wird man feststellen, dass der Anblick blühender Wiesen, grünender Täler, atmender Wälder und spiegelglatter Seen zunächst äußerst friedvoll wirken mag, sich jedoch bei näherer Betrachtung als alles andere als friedvoll erweist. Im Überlebenskampf um Licht, Wasser und Nährboden gebrauchen auch Pflanzen all' ihre Behauptungs-, Abwehr- und Ausdehnungskräfte, die sie aufzubieten vermögen. Und im Tierreich herrscht ohnedies weithin die Devise „Fressen und (oder: um nicht) gefressen zu werden." Zwar gibt es sowohl im Pflanzen- als auch im Tierreich Symbiosen, d.h. also freundliche Nachbarschaften einzelner Pflanzen- und Tierarten, die sich aufgrund ihrer natürlichen Lebensbedürfnisse ergänzen und so zum wechselseitigen Gedeihen beitragen. Auch können in (von uns Menschen viel bestaunten) Ausnahmefällen „Hund und Katz" oder auch andere tierische Sonderlinge sich symbiotisch gesellen. Allzu häufig freilich ist derartiges nicht zu beobachten. Die Regel zeigt im Blick auf die Evolution der Arten einen mehr oder minder unerbittlichen Kampf ums Überleben, der letztlich wohl tatsächlich zum „survival of the fittest" (Charles Darwin) geführt hat.

Allem Anschein nach hat sich der Mensch kraft seines Verstandes als das durchsetzungsfähigste Lebewesen erwiesen und sich so die belebte wie die unbelebte Welt auf erstaunliche Weise untertan gemacht. Eine allfällige Erkenntnis dies, der schon der vorsokratische Tragödiendichter Sophokles (496 v. Chr. – 406 v. Chr.) in seiner ‚Antigone' bildreichen Ausdruck verliehen hat:

„Ungeheuer ist viel, nichts aber
Ungeheurer als der Mensch.
Er überschreitet auch das graue Meer
Im Notossturm
Unter tosenden Wogen hindurch.
Erde, der Götter höchste,
Die unerschöpfliche, unermüdliche,
Bedrängt sein Pflug. Auf und Ab
Ackern die Rosse ihm
Jahr um Jahr.
Leichtgesinnter Vögel Volk
Fängt er im Garn.
Wilder Tiere Geschlechter
Und Kinder des Meeres
In verschlungenem Netzgeflecht,
Der kluge Mensch.
Mit List bezwingt er
Was haust auf Höhen
Und schweift im Freien.
Dem Pferd mit der mächtigen Mähne,
Dem unbändigen Bergstier
Zähmt er den Nacken
Unter das Joch
Die Sprache
Und luftgewirkte Gedanken
Lehrt er sich
Und den Trieb zum Staat

I. Pax vobiscum… oder: Friede den Menschen auf Erden…

Und Obdach
Gegen unwirtlichen Reif vom Himmel
Und Regengeschossen,
Allberaten.
Ratlos tritt er
Vor nichts, was kommt.
Nur dem Tod entrinnt er nicht.
Aber aus heillosen Leiden
Ersann er sich Rettung

Mit der Erfindung Kunst
Reich über Hoffen begabt,
Treibt's zum Bösen ihn bald
Und bald zum Guten.
Ehrend des Landes Gesetz
und der Götter beschworenes Recht,
Ist er groß im Volk.
Nichts im Volk,
Wer sich dem Unrecht gab
Vermessenen Sinns.
Nie sei Gast meines Herdes,
Nie mein Gesinnungsfreund,
Wer solches beginnt.

Zu den Großtaten dieses „mit der Erfindung Kunst über Hoffen" begabten Ungeheuers Mensch zählt also auch schon Sophokles dessen Befähigung zur Staatsbildung und damit zur Begründung einer durch „des Landes Gesetz" garantierten Friedensordnung. Als Tragödiendichter ist ihm nur allzu bewusst, zu welchen Tragödien der Bruch dieser Friedensordnung führen kann und führt. Die Kategorisierung menschlichen Handelns und Nichthandelns als „gut" oder „böse" bezieht er daher auch ausdrücklich auf das Kriterium der Achtung oder Nichtachtung von „des Landes Gesetz".

Die von Sophokles auf die staatliche Friedensordnung bezogene Ambivalenz der menschlichen Natur wird fast zwei Jahrtausende später von dem Renaissance-Philosophen Giovanni Pico della Mirandola (1463-1494) in der Schrift „Über die Würde des Menschen" (De dignitate hominis) von 1485 verallgemeinert. In ähnlicher Manier wie Sophokles preist auch Pico die Genialität und Schöpferkraft des Menschen, der zwar alle Impulse der Natur in sich trage, in seiner Gottähnlichkeit jedoch zugleich auch die Freiheit weitestgehender Selbstformung habe. Voll Erstaunen verharrt er in der Betrachtung des Wesens, dem es mehr oder weniger freistehe, pflanzenhaft dahinzuvegetieren, sich mehr oder minder ungehemmt seinen Trieben hinzugeben oder aber sich in engelgleiche Höhen aufzuschwingen. Sein Fazit: „Wer sollte so ein Chamäleon nicht bewundern?"

Bewunderung freilich ist nicht die erste Option für den, der sich die Frage nach dem Grund der anscheinenden Unaufhebbarkeit der Dialektik von Harmonie und Konflikt, Ruhe und Aufruhr, Krieg und Frieden stellt. Menschen, die das Bedürfnis haben und denen es auch gelingt, sich in engelgleiche Höhen aufzuschwingen, werden in aller Regel keine Gefahr für die Aufrechterhaltung der weltlichen Friedensordnung darstellen – wohl aber diejenigen, die sich „ihren Trieben hingeben", um in der Diktion Pico della Mirandolas zu bleiben. Zu diesen (um des Friedens willen in Zaum zu haltenden) Trieben aber zählt der sich in zahllosen Erscheinungsformen präsentierende Trieb zur Entfaltung der eigenen Lebenskraft und zur – wie auch immer verstandenen – Ausdehnung der eigenen Lebenssphäre.

„Wo ich Lebendiges fand, fand ich den Willen zur Macht" schreibt Friedrich Nietzsche in „Also sprach Zarathustra". Sowohl faktische Belege als auch theoretische Bestätigungen dieser anthropologischen Grundbefindlichkeit sind als Kontinuum im Verlauf der gesamten Menschheitsgeschichte unübersehbar. Wie den platonischen Dialogen zu entnehmen ist, haben schon die auf das Recht des Stärkeren pochenden Vorsokratiker Gorgias und Thrasymachos – und nicht zuletzt auch der griechische Historiker Thykydides (um 450 v. Chr.) in seinem Werk über den Peloponnesischen Krieg diesen Blickwinkel eingenommen.

Kein Denker aber hat den „Hunger nach Macht und abermals Macht, der erst im Tode endet" schärfer beobachtet und begründet als der als Zeitzeuge der konfessionellen Bürgerkriege philosophierende Thukydides-Bewunderer Thomas Hobbes (1588-1679). Auf der Grundlage einer ausführlich begründeten sensualistischen Psychologie deutet der Engländer die Triebstruktur des Menschen, als deren zentrales Motiv er die Suche nach Lust und die Flucht vor der Unlust sieht. Die Erinnerung an angenehme Empfindungen wecke Begierde, die Erinnerung an unangenehme Empfindungen Abneigung. Begierde und Abneigung, Appetit und Abscheu würden so zu Bewegungsimpulsen, in deren Spannungsfeld sich das menschliche Leben entfaltet. An den Fäden von Lust und Unlust baumelnd tanzt die Marionette Mensch aus Hobbes'scher Perspektive um das goldene Glückskalb. Da aber Lust nicht so sehr im Genuss als in der Begierde nach künftigem Genuss wohnt, Begierde also stets eines Zieles bedarf, könne der Mensch nur im Fortschreiten zu ewig neuen Zielen Zufriedenheit finden. „Glückseligkeit", so Hobbes, besteht nicht darin, dass man Erfolg gehabt hat, sondern darin, dass man stets aufs Neue Erfolg hat. Der Weg zum Glück ist mithin die Rennbahn, auf der jeder Mensch – ob nun bewusst oder unbewusst – seine Kraft mit der seiner Konkurrenten misst. Unfriede drohe stets dann und dort, wenn und wo sich die Konkurrenten in ihrer Zielsetzung in die Quere kommen, d.h. dieselben Ziele anstreben oder gar um den Verlust eigener Rechtsgüter bis hin zur Beeinträchtigung von Leib und Leben bangen müssen.

Paradoxerweise ist es dann aber das den allgemeinen Frieden und damit die Sicherheit von Leib, Leben und Gut jedes Einzelnen ständig gefährdende menschliche Machtstreben, das im allgemeinen Interesse zur Eindämmung dieses Machtstrebens führt. In seinem logischen Mythos vom potenziellen Krieg Aller gegen Alle, in dem der Mensch dem Menschen zum Wolf wird (wie es im „Leviathan" von 1651 heißt) zeichnet Hobbes die Entwicklungsschritte dieses Prozesses nach. Als Geburtshelfer bei der Vorbereitung einer Friedensordnung besonderer Art sieht er ein in den Tiefen der menschlichen Natur gründendes Naturgesetz, das er als „das Gebot der rechten Vernunft" im Hinblick auf all' das definiert, „was zu einer möglichst langen Erhaltung des Lebens und der Glieder zu tun und zu lassen ist." Dieses Naturgesetz der Vernunft weist den Weg aus dem hypothetischen Elend des Urzustandes, den er in der englischen Fassung des Werkes als „nasty, brutish and short" apostrophiert. Da selbst die Mächtigsten von einer Allianz weniger Mächtiger bezwungen werden können, fügen auch sie sich in einen vom Naturgesetz der Vernunft diktierten Vertrag Aller mit Allen, in dem sie sich zur Unterwerfung unter eine den allgemeinen Frieden garantierende Autorität verpflichten.

Dort, wo Aristoteles allgemein bleibt, bei der eigentlich naheliegenden Frage, was genau den Weg in die „vollkommene Gesellschaft" der Polis ebnet, bietet Hobbes mit seinem logischen Mythos von den Entstehungsbedingungen des staatsbegründenden Urvertrags eine leicht nachvollziehbare Hypothese für die Plausibilität des von allen Staatsbürgern stillschweigend und konkludent absolvierten „täglichen Plebiszits" (Ernest Renan) zugunsten der Akzeptanz des Staates als Garant für die Schaffung und Aufrechterhaltung einer dauerhaften Friedensordnung als erste Voraussetzung für ihre Sicherheit und ihr Wohlergehen. Davon, dass dies nur eine prinzipielle und bedingte Akzeptanz sein kann, weil sich auch die Friedensordnung des Staates (und erst recht der Friede zwischen den Staaten) nur unter angebbaren Voraussetzungen aufrechterhalten lässt, wird im Folgenden noch ausführlich die Rede sein.

Soviel jedenfalls ist gewiss: Die Erfüllung der biblischen Weihnachtsbotschaft ist eine Verkündigung, hinter der sich eine allzeit und allüberall zu bewältigende Menschheitsaufgabe verbirgt.

II. Der Friede in Staat und Gesellschaft

Folgt man der von Thomas Hobbes markierten Friedensspur, so ist die vertraglich begründete und faktisch vollzogene Unterwerfung der aus der Friedlosigkeit des hypothetischen Urzustands unter den Friedensschirm des staatlichen Leviathan Flüchtenden der erste, unverzichtbare Schritt zur Gewinnung einer dauerhaften Friedensordnung. Da die (während der 1848-Revolution von dem Berliner Stadtkommandanten v. Prittwitz ausgegebene) Devise „Ruhe ist des Bürgers erste Pflicht" auch die Maxime des mit unbegrenzter Rechtsmacht herrschenden Leviathan darstellt, mag dies für die dem Elend eines blutigen Bürgerkriegs Entronnenen zunächst eine große Erleichterung sein. Naheliegend allerdings ist die Frage, wie lange diese anfängliche Erleichterung Bestand haben kann. Ungeheuer nämlich ist nicht nur der Mensch (um nochmals an die Sophokles'sche Antigone zu erinnern), sondern auch der nicht von Ungefähr nach dem biblischen Ungeheuer aus dem Buch Hiob (Kap. 41) benannte Leviathan, den Hobbes gar als „sterblichen Gott" apostrophiert. Als ein Ungeheuer mag man ihn betrachten, weil die unter seinen Schutz und Schirm Geflüchteten ihm in ihrer Not und Verzweiflung all' ihre Rechte überlassen haben, so dass er nun mit unbegrenzter Rechtsmacht über seine Untertanen herrschen kann.

So jedenfalls stellte sich die Situation für den 1588 nach eigenem Zeugnis unter dem Eindruck der Schreckensnachricht vom Nahen der Spanischen Armada als „Zwilling der Furcht" Geborenen und unter dem Eindruck des Elends der konfessionellen Bürgerkriege philosophierenden Engländer dar. Selbst nach seinen eigenen anthropologischen Voraussetzungen war und ist jedoch davon auszugehen, dass diese dem Leviathan zwar ihre Rechte, nicht aber ihre expansive Natur Überlassenden den Zustand der gänzlichen rechtlich-politischen Entmündigung nicht auf Dauer hinnehmen werden. Wenn man die anthropologischen Vorgaben des englischen Philosophen zugrunde legt, so war und ist davon auszugehen, dass sich der unstillbare Machthunger der menschlichen Wölfe auch unter der Knute des absolutistischen Friedensdiktats im Reich des Leviathan regen wird. Und diese Annahme lässt sich denn auch schon an der Verfassungsentwicklung von Hobbes' Heimatstaat England ablesen. Schon während seiner Lebenszeit verstärkten sich die Freiheitsbestrebungen des englischen Bürgertums und des niederen Landadels wider das absolutistische Regime der auf die Tudors folgenden Stuart-Könige bis hin zur Entmachtung und Hinrichtung Karls I. im Jahre 1649. Nach dem pseudorepublikanischen Intermezzo des ebenfalls autoritär regierenden „Lordprotektors" Oliver Cromwell (1653-1658) und der Restauration der absolutistischen Stuart-Monarchie durch Karl II. (1660) setzte sich dieser Erosionsprozess des Absolutismus in ständig wachsendem Maße fort. Mit der Habeas-Corpus Akte von 1679 wurde noch in Hobbes' Todesjahr ein Meilenstein auf dem Weg zu einer freiheitliche-

II. Der Friede in Staat und Gesellschaft

ren Verfassungsordnung gesetzt. Und mit der Glorious Revolution von 1688 und dem Übergang der Krone von den Stuarts auf die niederländischen Oranier wurde das Ende des Absolutismus endgültig eingeläutet.

Ohne eine solche Entwicklung hätte der im Großen und Ganzen bewahrte innere Friede auf der Insel schwerlich aufrechterhalten werden können. In der Folge gewann der sich in England vollziehende, von scharfsinnigen Denkern wie John Locke (1632-1704) und seinem „Second Treatise of Government" von 1688 nachhaltig inspirierte und geförderte Verfassungsentwicklungsprozess für den insoweit rückständigeren Kontinent mehr und mehr Vorbildcharakter. Dem – dank der zunehmend weltweiten militärischen Einflusssphäre und den damit Hand in Hand gehenden weltweiten Wirtschaftsbeziehungen ökonomisch und politisch erstarkenden - Bürgertum gelang es in wachsendem Maße, sich ohne weiteres Blutvergießen erhebliche Freiheitsräume zu sichern. Die nach und nach gelingende Verwirklichung des Prinzips der Parlamentssouveränität und des Prinzips der Gewaltenteilung zwischen Legislative, Exekutive und Judikative wurde auf dem insoweit politisch rückständigeren Kontinent – je nach politischem Standort – mit wachsender Sorge oder aber mit Bewunderung zur Kenntnis genommen. Letzteres galt insbesondere für die freiheitshungrigen Protagonisten der französischen „République des Lettres", zu denen auch Charles-Louis de Montesquieu (1689-1755) zählte, der in seinem 1748 in Genf erschienenen „Geist der Gesetze" die englische Verfassungsentwicklung ausdrücklich zum Vorbild nahm und die Monarchie zwar als wünschenswerte Institution anerkannte, sie jedoch ebenfalls durch eine strenge Gewaltenteilung zwischen Legislative, Exekutive und Judikative gezügelt wissen wollte. Davon freilich konnte weder in Frankreich noch im übrigen Kontinent die Rede sein, weshalb die nach rechtlich-politischer Veränderung rufenden Stimmen immer lauter und schriller wurden. Neben Montesquieu waren es vor allem der scharfzüngige Voltaire (1634-1778) und der enthusiastische Jean-Jacques Rousseau (1712-1778) sowie die Verfasser der von Diderot und D'Alembert herausgegebenen Großen „Enzyklopädie", die den soziopolitischen Status quo mehr oder minder scharf kritisierten und Reformen anmahnten. Und dies umso mehr, als das mit Rigidität und Verblendung gepaarte soziökonomische und soziopolitische Versagen des spätabsolutistischen *Ancien Regime* solange anhielt bis die latente Friedlosigkeit sich in einer gewaltigen Explosion entlud.

Nicht zuletzt die Schrecken der 1789 ausbrechenden, sich unaufhörlich in ihrer Radikalität steigernden und schließlich das absolutistische *Ancien Regime* hinwegfegenden Revolution sollte dem restlichen Europa wie auch der Nachwelt deutlich machen, wie sehr es eines lebendigen Austauschs zwischen Regierung und Volk, aber auch eines ständigen Ausgleichs zwischen den Lebensinteressen der verschiedenen Bevölkerungsschichten bedarf, um den inneren Frieden eines Landes zu sichern. Die noch im Revolutionsjahr von der neu konstituierten Nationalversammlung erlassene „Erklärung der Menschen- und Bürgerrechte" schrieb nicht nur die wichtigsten Forderungen der antiabsolutistischen Verfassungstheorie à la Locke, Montesquieu und Rousseau

II. Der Friede in Staat und Gesellschaft

fest – das Prinzip der Gewaltenteilung etwa und die Steuerbewilligungskompetenz der Legislative – sondern verankerte in diesem (bis heute als Bestandteil der französischen Staatsverfassung geltenden) Manifest auch bereits die bedeutsamsten Gründungsgarantien. Insoweit wurde *die Déclaration des Droits de l'homme et du citoyen* vom 26.08.1780 zum Vorbild aller späterer europäischen Grundrechtskataloge. Der die Bestrebungen der Französischen Revolution und ihren Protagonisten bündelnde Ruf nach „liberté, egalité, fraternité" wurde für die nächsten beiden Jahrhunderte zur Richtschnur der abendländischen Verfassungskultur – einer Kultur, die von den europäischen Großmächten mit wechselndem Erfolg auch zum Exportgut gemacht wurde. Dass um die Fortschritte und die Details der in dieser Parole enthaltenen Verheißung einer Volks- und Rechtsstaatlichkeit (zu der sich im Verlauf des 19. Jahrhunderts dann auch noch Bemühungen um die Entwicklung einer Art von Sozialstaatlichkeit gesellten) noch heftig gerungen werden sollte, lehrt die Verfassungsgeschichte der europäischen Staaten. Ehe es dann im Zuge der allmählichen Verwirklichung dieser Verheißung auf dem „Friedhof Europa" (George Sorel) zu einer veritablen Friedensordnung kommen konnte, waren in manchen europäischen Staaten nicht nur die Steigerung des gerade überwundenen Absolutismus zum (faschistischen und kommunistischen) Totalitarismus zu überstehen, sondern zuvor und danach auch noch zahlreiche innenpolitische Reformkämpfe um eine lebensgerechte und deshalb auch zukunftsfähige Verfassungskultur. Erst nach dem großen Einschnitt des zweiten Weltkriegs konnte sich eine solche (zunächst in Nord-, West- und Südeuropa, nach dem Zerfall der Sowjetunion auch in den meisten osteuropäischen Ländern) entwickeln. Dass dies bis hin zu einer vergleichsweise hohen europäischen Verfassungshomogenität gelingen konnte, hat vielfältige Ursachen. Zu dem Bemühen, die Lehren aus der friedlosen Vergangenheit des Kontinents zu ziehen, kam das – schließlich durch die Bildung der sich in Stufen entwickelnden Europäischen Union verfestigte – gemeineuropäische Interesse an einer Förderung von Handel und Verkehr sowie vor allem auch (bis zum Verfall der Sowjetunion) das Gefühl der Bedrohung der eigenen soziokulturellen, sozioökonomischen und soziopolitischen Wertevorstellungen durch die ganz anders gearteten eines hochgerüstet an den Grenzen Mittel- und Westeuropas stehenden Nachbarn im Osten. Wesentlich zum Gelingen der europäischen Friedensordnung(en) beigetragen hat aber insbesondere auch die ständig wachsende Einsicht der überwiegenden Mehrheit der sozioökonomischen und soziopolitischen Akteure in die Grundvoraussetzungen einer lebensgerechten Verfassungskultur. Zu hoffen bleibt, dass sich diese Einsicht nach der erneuten Gefährdung der europäischen Friedensordnung durch den russischen Angriffskrieg auf die Ukraine eher verstärken als abschwächen wird.

Eine „atmende" und damit sowohl den sozialen Energiefluss als auch den sozialen Frieden innerhalb einer Gesellschaft sichernde Verfassungskultur nämlich muss darauf bedacht sein, die erkennbaren (und erst recht die nachdrücklich artikulierten) individuellen und kollektiven Interessen miteinander und aufeinander abzustimmen. Geschieht dies nicht in einer für alle Angehörigen der Zivilgesellschaft einsehbaren und sozial annehmbaren Weise, werden die mit dem Status quo Unzufriedenen Frustrationsherde bilden, die über kurz oder lang virulent werden und sich entweder gegen einzelne Gruppierungen oder im Extremfall auch explosiv gegen die für die Wahrung des Gemeinwohls primär Berufenen richten können. Vermieden werden können solche, den sozialen Frieden gefährdenden oder gar sprengenden Entwicklungen nur dann, wenn die in den letzten Jahrhunderten und Jahrzehnten einer wechselvollen europäischen Verfassungsgeschichte hart erkämpften bürgerlichen Freiheits-, Mitwirkungs- und Teilhaberechte – all das also, was die Verfassungstheorie und das Verfassungsrecht moderner Demokratien westlicher Prägung in die Trias von Rechts-, Volks- und Sozialstaatlichkeit fasst - nicht nur auf dem Papier existiert, sondern täglich bejaht und gelebt wird.

Auch dann aber, wenn dies im Großen und Ganzen gelingen sollte, kann es keineswegs bedeuten, dass bei der sozialen Kommunikation der unterschiedlichen Befindlichkeiten und der wechselseitigen Erwartungen und Bedürfnisse wie auch bei deren Abgleichung mit den gesamtgesellschaftlichen Erfordernissen stets „Friede, Freude, Eierkuchen" herrschen wird, um die einen naiven Illusionismus persiflierende Spottformel zu bemühen. Die im politischen Mit-, In- und Gegeneinander Tag für Tag aufs Neue zu schaffende und zu erhaltende innerstaatliche Friedensordnung bedeutet nichts Anderes als jenes von Max Weber (1864-1920) im Revolutionsjahr 1919 vor der Münchner Studentenschaft zur Daueraufgabe der Politik erklärte „Bohren harter Bretter mit Augenmaß und Geduld". Und dies auch und gerade dann, wenn große gesamtgesellschaftliche Herausforderungen in der Euphorie des Neubeginns („Jedem Anfang wohnt ein Zauber inne", dichtet Hermann Hesse) angegangen werden – unabhängig davon, ob es sich dabei nun um die Heilung einer im Bewusstsein kollektiver Schuld verstörten Volksseele oder um die Überwindung einer ökologischen Krise handelt. Stets wird es sowohl innerhalb der Zivilgesellschaft zwischen einzelnen Weltanschauungs- oder Interessengruppen als auch in deren – nicht nur, aber auch nicht zuletzt durch die Medien vermittelten – Verhältnis zu den das soziale Mit- und Gegeneinander koordinierenden Regierungs- und Verwaltungsbehörden zu einem mehr oder minder verhaltenen oder lautstarken Meinungsaustausch kommen. Und stets wird es dabei auch einzelne Betroffene oder Gruppen von Betroffenen geben, die davon überzeugt sind, dass ihre soziopolitischen Ansichten und ihre sozioökonomischen Interessen in der bisherigen Gesetzgebung oder im Diskurs über die künftige Gesetzgebung nicht hinreichend berücksichtigt werden. Anzunehmen, dass sich diese zeitlos erfahrbare Situation durch irgendwelche Umstände oder Vorkehrungen grundlegend verändern ließe, wäre eine jeglicher historischen Erfahrung spottende Illusion.

Tiefgründige Meinungsunterschiede und Interessenkonflikte lassen sich zwar für einige Zeit überspielen und vertagen, nicht aber auf Dauer verwischen. Über kurz oder lang wird die – nicht zuletzt durch die Wahl- und Legislaturzyklen vorgegebene – Peristaltik der politischen Willensbildungsprozesse dafür sorgen, dass Entscheidungen getroffen werden, mit denen nicht alle von der jeweiligen Agenda Sich-betroffen-Fühlenden zufrieden sein werden. Was aber kann bewirken, dass sich Diejenigen, die ihre Ansichten oder Interessen nicht durchsetzen konnten, zumindest bis auf Weiteres mit den getroffenen Entscheidungen zufriedengeben und ihre Frustration nicht sozial und politisch virulent werden lassen? Wie kommt es, dass die Verfassungsordnung, in deren Rahmen dieser Prozess Jahr für Jahr und Tag für Tag abläuft, dennoch ihren Charakter als Friedensordnung nicht verliert?

Die Antwort auf diese naheliegende Frage kann nicht schwerfallen. Sie führt zurück zu dem theoretisch für alle Bürger eines Staatsverbandes, praktisch aber jedenfalls für die Bürger eines diesen Namen verdienenden Rechts- und Volksstaates geltenden Mythos vom stillschweigenden täglichen Plebiszit zugunsten der von dieser Staatsordnung normierten Verfahren der politischen Willensbildung. Mit anderen Worten: Was die im Rahmen der verfassungskonform verlaufenden Willensbildungsprozesse getroffenen Entscheidungen legitimiert, sind die Verfahren, in deren Rahmen sie getroffen werden – Verfahren, die in den rechtsstaatlich verfassten und rechtsstaatlich regierten Demokratien dann in aller Regel auch noch durch Verfassungsgerichte überprüft und garantiert werden können.

In autoritär regierten Staaten freilich, in denen weder die Meinungs- und Pressefreiheit noch die Versammlungsfreiheit garantiert wird und auch keine wirklich freien und geheimen Wahlen der Regierungsorgane stattfinden, kann nicht oder nur bedingt von einer Vermutung zugunsten eines stillschweigenden systembejahenden täglichen Plebiszits ausgegangen werden. Auch in solchen kann jedoch durch ständige Fehlinformationen und Propagandaaktionen in der Bevölkerung ein nicht unerhebliches Maß an Gesinnungshomogenität entstanden sein. Solange die Bevölkerung solcher autoritär regierter Staaten nicht unbehindert zum Ausdruck bringen kann, ob sie sich mit deren innerer Ordnung zufriedengeben will, kann mithin auch für solche Staaten die Vermutung zugunsten einer Legitimation staatlicher Entscheidungen durch die systemspezifischen Verfahren nicht gänzlich ausgeschlossen werden, solange nicht gegen das System gerichtete ständige Revolten das Gegenteil nahelegen. Auch diese Annahme kann jedoch nur bedingt gelten, da solche Revolten in derart regierten Staaten zumeist schon im Ansatz gewaltsam unterdrückt werden, wie die Erfahrung lehrt.

In freiheitlich verfassten Demokratien jedenfalls gilt der Grundsatz „Legitimation durch Verfahren" (Niklas Luhmann) uneingeschränkt. *Er* ist es, der die jeweilige innerstaatliche Friedensordnung sichert. Wer ihn auch in solchen freiheitlich verfassten politischen Systemen nicht anerkennt, fällt aus dem allgemeinen Verfassungskonsens und widerlegt so die Vermutung zugunsten einer Teilnahme an dem stillschweigenden systembejahenden täglichen Plebiszit. Mit anderen Worten: Er rebelliert. Auf die Systemsprache von Thomas Hobbes bezogen, bedeutet dies, dass er in den (von dem englischen Friedensphilosophen als logischer Mythos verstandenen) Urzustand des Krieges Aller gegen Alle, des *bellum om-*

nium contra omnes, zurückkehrt. Wer die staatliche Friedensordnung verlässt, wird mithin „vogelfrei", kann und muss alle Wonnen und Wehen dieses Zustandes erfahren. Der Weg des Rebellen führt – wenn die Rebellion schwächlich ist – ins Gefängnis, wenn sie für die Staatsmacht gefährlich ist, möglicherweise zum Richtplatz. Wenn die Rebellion erfolgreich und von epochaler Bedeutung ist, kann sie allerdings auch für den oder die Rebellen auf einem Denkmalsockel enden. Hier wie überall und allezeit entscheidet „die Kraft und die Herrlichkeit" der sich entfaltenden Lebensenergien, wohin die Reise geht und wo sie endet.

Auch eine gelingende Rebellion kann in eine neue Friedensordnung münden – sei es in eine Reform der bisherigen oder aber (im Falle von Sezessionen) in eine gänzlich neue Lebens- und Verfassungsform. Die Geschichte bietet reiches Anschauungsmaterial für beide Varianten. Bei Sezession eines Landesteils oder bei Spaltung eines Landes in zwei fortan eigenständige Länder endet für beide die alte Friedensordnung. Beide müssen sich nun in jenem Neben-, Mit- und Gegeneinander unabhängiger Staaten zurechtfinden, das den Segen wie den Fluch der Internationalität ausmachen kann.

III. Si vis pacem…
oder: Der Friede zwischen den Staaten

Dieselbe Ambivalenz, die dem zwischenmenschlichen Neben-, Mit- und Gegeneinander innerhalb des Staates zukommt, eignet auch dem Verkehr zwischen den Staaten. Wie die historische Erfahrung auch insoweit lehrt, ist ein dauerhaft selbstgenügsames und im Verhältnis zu den Nachbarstaaten friedvolles Neben- und Miteinander benachbarter Staaten ohne besondere Abmachungen (wovon noch die Rede sein wird) äußerst selten und auch dann nur während vergleichsweise kurzer Zeiträume zu beobachten. Am ehesten ist dies dann der Fall, wenn die materiellen Lebensbedingungen und die soziopolitischen Überzeugungen der in den betreffenden Staaten lebenden Menschen sowohl „befriedigend" als auch vergleichbar sind, keine äußere Bedrohung erkennbar ist, und sich die jeweils an der Macht befindlichen Staatenlenker mit dem Status quo zufriedengeben. Idealbedingungen dies, die eher selten zusammentreffen. Und dafür gibt es viele Gründe, von denen wenigstens einige genannt werden mögen. Die wichtigsten vorab:

Staaten fallen nicht wie Sternschnuppen vom Himmel, sondern haben sehr spezifische Entstehungsbedingungen, die nicht selten den Keim künftiger Friedlosigkeit in sich tragen. Dies gilt in erster Linie dann, wenn Staaten von Nachbarstaaten bedrängt und angegriffen wurden, sich zur Wehr setzten und so unversehens in einen Verteidigungskrieg geraten sind. Erst recht gilt dies, wenn sie in diesem Verteidigungskrieg unterliegen und von dem oder den angreifenden und siegreichen Staat(en) in der Folge bedrückt und beherrscht werden, sich mit diesem Schicksal aber nicht zufriedengeben. Wenn ihre Eliten und zumal ihre (dann häufig vertriebenen oder geflüchteten) Regierungen die Unterstützung anderer Staaten gewinnen, deren Interessen durch diesen Eroberungsakt negativ betroffen wurden, kann dies zu weiteren zwischenstaatlichen Folgekriegen führen. Vergleichbares gilt auch dann, wenn ein (oft ethnisch homogener) Landesteil einen Staatsverband verlässt, der – nunmehr einen Rumpfstaat bildende – verlassene Landesteil diese Spaltung aber nicht hinnehmen will. Auch können zwischenstaatliche Konflikte dadurch entstehen, dass Drittstaaten durch die Abspaltung (insbesondere von befreundeten Nachbarstaaten) ihre eignen Interessen gefährdet sehen und deshalb versucht sein könnten, mittels „militärischer Spezialoperationen" (Putin) zu intervenieren. Unzweifelhaft ist jedenfalls, dass bei Sezession eines Landesteils oder bei Aufspaltung eines Landes in zwei fortan eigenständige Länder für beide Länder die alte Friedensordnung endet. Beide müssen sich nun in jenem Neben-, Mit- und Gegeneinander zurechtfinden, das den Segen wie den Fluch auch der Internationalität ausmacht.

All' diese und noch so manch andere Szenarien aus dem Schwarzbuch der historischen Empirie lassen die Sichtweise von Thomas Hobbes verständlich erscheinen. Für ihn befinden sich nicht nur die Menschen, sondern auch die Staaten in einem hypothetischen *bellum omnium contra omnes*, „leben doch die Könige und alle souveränen Machthaber aus Furcht vor dem Verlust ihrer Unabhängigkeit in unaufhörlichem Argwohn und in Stellung und Haltung von Gladiatoren, ihre Waffen sind gezückt und einer belauert den anderen durch Festungen, Heere und Geschütze an den Grenzen, durch Spione im Inneren" (Leviathan, Teil I, Kap. XIII). Es herrscht also wenn nicht offener, so doch latenter Krieg.

Diese außerordentliche Misere hat laut Hobbes allerdings auch einen innenpolitischen Kollateralnutzen: Weil die Herrscher „dadurch ihre Untertanen in Tätigkeit halten, tritt nicht jener elende Zustand ein, der die Folge absoluter Freiheit ist..." Was Hobbes nicht erwähnt, ist die – ebenfalls nicht selten zu beobachtende – Tatsache, dass autoritär regierende, in ihrem innenpolitischen Herrschaftsanspruch gefährdete Machthaber außenpolitische Aggressionen unterschiedlicher Intensität und Reichweite provozieren, um genau diese Wirkung zu erzielen. Auch hierfür bietet die Geschichte reiches Anschauungsmaterial.

Vor dem Hintergrund der hier skizzierten Szenarien der Friedensgefährdung auf zwischenstaatlicher Ebene wird der römische Leitspruch „Si vis pacem, para bellum" („wenn du den Frieden willst, wappne dich für den Krieg") verständlich. Nur allzu groß nämlich ist erfahrungsgemäß die Gefahr, dass unvorbereitet erscheinende und deshalb eine Aura der Schwäche verbreitende Staaten von hochgerüsteten, expansionswilligen Nachbarn als leichte Beute betrachtet und deshalb Opfer eines Aggressionskrieges werden. Dass sich allzu machtlüsterne

Aggressoren zuweilen verrechnen, weil sie entweder nicht ausreichend über die militärische Schlagkraft und den Widerstandswillen der in ihr Visier geratenen Eroberungsbeute informiert sind oder durch ihre Machtgier die Sorge von Drittstaaten wecken, die dann dem angegriffenen Staat mit fatalen Folgen für den Aggressor zu Hilfe eilen. Schon in der Fabelweisheit von Äsop (6. Jh. v. Chr.) und Jean de Lafontaine (1621-1695) hat dieses Syndrom in dem Gleichnis vom Hund einen Niederschlag gefunden, der beim Überqueren des Bachs seine Hasen-Beute verliert, weil er sie im Wasser gespiegelt sieht und nach dem Spiegelbild des Hasen schnappt. Von Krösus über Hitler bis zu Putin bietet die politische Geschichte reiches Anschauungsmaterial für die oft fatalen Folgen der schon von den Sokratikern als menschliches Urlaster verworfenen *Pleonexie*, des ewigen Mehr-haben-Wollens.

Auch für das Verhältnis der Staaten untereinander lässt sich mithin der logische Mythos vom hypothetischen Krieg Aller gegen Alle als Erklärungsbild nutzen. Und auch insoweit liegt dann die Frage nahe, auf welche Weise der latente Kriegszustand zwischen den Staaten aufgehoben werden könnte. Eher idealistisch-normative Ansätze wie der von Immanuel Kant (1724-1804) in seiner Schrift „Zum ewigen Frieden" von 1795 gewählte, in dem er seinen Verhaltensempfehlungen an die Staatengesellschaft die Logik eines kategorischen Imperativs zugrunde legt, sind zwar theoretisch hilfreich, greifen aber in der Praxis zu kurz, da sich die Staaten häufig genug nicht an diese halten, wenn sie ihren Augenblicksinteressen zuwiderlaufen. Garantiert werden könne der zwischenstaatliche Friede nur, so Kant, wenn das Staatshandeln so beschaffen sei, dass es zur Grundlage eines allgemeinen Gesetzes gemacht werden könnte. Mit anderen Worten, wenn es dem – im Verlauf und nach Abschluss des Dreißigjährigen Krieges im Jahre 1648 von Staats- und Rechtsphilosophen wie Hugo Grotius (1585-1645) und Samuel von Pufendorf (1632-1694) auf der Grundlage der Naturrechtslehre entwickelten Völkerrecht entspreche, in dessen Regelwerk die jahrhundertelangen Bemühungen um einen vernünftigen Umgang mit zwischenstaatlichen Konflikten eingingen.

So scharfsinnig die von Kant genannten Voraussetzungen für ein friedvolles Neben- und Miteinander der Staaten auch sein mögen, so wenig vermögen sie das Problem der Sicherstellung eines dauerhaften zwischenstaatlichen Friedenszustands zu lösen, da bei dieser Sichtweise die Verantwortung allein bei den Staaten selbst verbleibt und keine Instanz ins Blickfeld rückt, die diesen Friedenszustand garantieren könnte. Legt man die Hobbes'sche Friedenslogik zugrunde, so ließe sich eine solche Garantie (wenigstens auf Zeit) nur durch die Formierung eines Weltstaates erreichen, zu dessen Gunsten die einzelnen Staaten um der Sicherung des Friedens willen auf ihre Souveränität verzichten. Den hierauf gerichteten Willen aller Völker samt ihrer Regierungen vorausgesetzt, wäre die Bildung eines solchen erdumfassenden Staatsgebildes zwar denkbar, jedoch kaum realisierbar. Ganz abgesehen davon, dass eine entsprechende Willensrichtung angesichts der ethnischen, soziokulturellen, sozioökonomischen und soziopolitischen Heterogenität der Weltgesellschaft schwerlich vorausgesetzt werden könnte, wären auch die logistischen und administrativen

Hürden derart hoch, dass ein solches Projekt schon im Ansatz zum Scheitern verurteilt wäre.

Zwischenstaatliche Annäherungen begrenzter Intensität und Reichweite freilich sind sowohl vorstellbar als auch erfahrbar. Die einfachste Form guter Nachbarschaft mag in Freundschafts- und Bündnisverträgen zum Ausdruck kommen, die den Partnern solcher Verträge zumindest auf Zeit im Innenverhältnis Friedensruhe verschaffen. Die nächste Stufe zwischenstaatlicher Friedenssicherung wird mit der Bildung von Staatenbünden beschritten, die während der Zeit ihres Bestands den in solchen Bünden vereinten Staaten im Innenverhältnis ebenfalls den Frieden sichern. Wie die Erfahrung lehrt, sind solche Staatenbünde jedoch vielfach nicht übermäßig stabil. Die ab den Römischen Verträgen von 1956 Schritt um Schritt weiter verdichtete heutige Europäische Union scheint insofern eine rühmliche Ausnahme zu bilden. Seit fast einem Dreivierteljahrhundert hat sie dem sich mehr als zwei Jahrtausende lang in endlosen Kriegen zerfleischenden Kontinent nun den zwischenstaatlichen Frieden und zudem durch freien Handelsaustausch ein erhebliches Wohlstandsniveau gesichert. Ohne die ständige Bemühung der in diesem Bund vereinten Staaten und ihrer Bundesorgane um die Schaffung und Bewahrung einer vergleichsweise hohen soziopolitischen, sozioökonomischen und soziokulturellen Homogenität freilich hätte wohl auch dieses Erfolgsmodell wenig Aussicht auf dauerhaften Bestand. Auch um den erfolgreichen Ausgang des „täglichen Plebiszits" der europäischen Länder zugunsten des konstruktiven und kooperativen Verbleibs in der Europäischen Union muss daher ständig Sorge getragen werden. Schon um des zwischenstaatlichen Friedens willen lohnt es sich, um die Bewahrung dessen bemüht zu sein, was als mehr oder minder vage Idee seit dem 14. Jahrhundert von vielen der nobelsten Geister Europas erhofft wurde. Und wenn auch aus heutiger Sicht etwas allzu euphorisch klingt, was Winston Churchill in seiner Züricher Rede von 1946 verhieß („Wenn Europa...einträchtig sein gemeinsames Erbe verwalten würde, könnten seine...Einwohner ein Glück, einen Wohlstand und einen Ruhm ohne Grenzen genießen"), so beschwört diese Verheißung in erster Linie den zwischenstaatlichen Frieden als unverzichtbaren Kern einer lebenswerten Gegenwart und Zukunft für den in zahllosen Kriegen zerschundenen Kontinent.

Obwohl äußerst zweifelhaft ist, ob die europäischen Staaten jemals den letzten Schritt zur Bildung eines europäischen Gesamtstaates gehen werden, weist die als Staatenbund konzipierte Europäische Union heute schon gewisse Organisationsmerkmale eines Bundesstaates auf. Was in Europa angesichts zahlreicher Homogenitätsmerkmale der europäischen Staaten immerhin vorstellbar wäre, wäre – wie schon betont – für die globale Staatengesellschaft im Hinblick auf deren facettenreiche Heterogenität fast undenkbar. Was die Schrecken der beiden Weltkriege von 1914-1918 und von 1939-1945 immerhin zu bewirken vermochten, war die Bildung von internationalen Friedenssicherungsorganisationen geringeren Verdichtungsgrads. Sowohl der 1919 gegründete Völkerbund als auch die 1945 gegründeten Vereinten Nationen waren Ausdruck der aufs Äußerste gewachsenen Friedenssehnsucht. Während der Genfer

Völkerbund jedoch eine eher dürftige Bilanz aufwies und schon im Vorfeld des 2. Weltkriegs sang- und klanglos scheiterte, versprach die 1945 in New York gegründete Organisation der Vereinten Nationen (UNO) mehr Aussicht auf Erfolg. Die in ihrer Charta vom 24.10.1945 enthaltenen Grundsätze verankerten im Wesentlichen die Normen des Völkerrechts und statuierten ein allgemeines Gewaltverbot unter Vorbehalt des seit eh und je anerkannten Selbstverteidigungs- und Nothilferechts der Staaten. Im Rahmen der UNO und ihrer Unterorganisationen wurde in den vergangenen Jahrzehnten viel Schlichtungs- und Unterstützungsarbeit geleistet. Zu einer wirklich effektiven Friedenssicherungseinrichtung konnte aber auch diese Organisation nicht werden, weil ihr zentrales Friedenssicherungsorgan, der Sicherheitsrat, an einem verhängnisvollen Konstruktionsfehler leidet: Die Siegermächte des 2. Weltkriegs (U.S.A., Russland, China, Großbritannien und Frankreich) hatten sich bei der Gründung der UNO ein Vetorecht im Sicherheitsrat vorbehalten, das in den folgenden Jahrzehnten immer wieder zur Selbstblockade dieser Institution führen sollte. Und auch das angesichts einer solchen Selbstblockade während des Korea-Krieges von der Generalversammlung zur Sicherstellung der Handlungsfähigkeit der Vereinten Nationen bei einer Selbstblockade des Sicherheitsrats entwickelte Instrument der „Uniting for Peace"-Resolution konnte dies ständig über der UNO schwebende Damoklesschwert der Selbstblockade nicht dauerhaft entschärfen. Sämtliche Bemühungen um eine wirksame, d.h. die Aufgabe des Vetorechts beinhaltende Reform des Sicherheitsrats sind bislang gescheitert. Und auch in der Zukunft dürfte eine solche Reform schwerlich gelingen, solange nicht die weltpolitischen Machtverhältnisse durch ein einschneidendes Ereignis – eine Naturkatastrophe globalen Ausmaßes etwa oder ein neuerlicher Weltkrieg noch monströseren Zuschnitts als die beiden vorhergegangenen - grundstürzend und grundlegend verändert würden, so dass sich auch die Weltgesellschaft neu formieren müsste und könnte.

Auch zur Zeit der Niederschrift dieser Zeilen ist der weltweit schwelende Dauerkrieg aller gegen alle Staaten in Form des russischen Angriffs auf die Ukraine, der aserbeidschanischen Vertreibung der Armenier aus Bergkarabach und des Einfalls der palästinensischen Hamas-Milizen in Israel samt dessen desaströsen Retorsionskrieg im „Gaza-Streifen" gegen die Angreifer wieder virulent geworden. Und trotz aller Bemühungen gelang und gelingt es den erwähnten Friedenssicherungsinstitutionen nicht, diese Brände zu löschen. Mit anderen Worten: Die Welt zeigt ihr Alltagsgesicht.

Welche Möglichkeiten aber der eigenen Friedenssicherung haben Staaten, die sich nicht in einem großen Staatenbund wie etwa der Europäischen Union oder einem mächtigen Verteidigungsbündnis wie der NATO geborgen fühlen können? Eine Existenzfrage dies, der sich eigenständige Staaten schon seit eh und je konfrontiert sehen und auf die sie je nach konkreten (in diesem Fall wörtlich zu verstehenden) „Umständen" eine zielführende Antwort finden mussten. Für das kriegs- wie friedenserfahrene Römische Reich stand die Antwort fest. Sie lautete klipp und klar: *Si vis pacem, para bellum.* („Wenn du Frieden haben willst, sei bereit für den Krieg"). Trotz vieler Höhen und Tiefen ist unabweisbar, dass sich die Römer ein mehr als tausendjähriges Reich zu bewahren wussten, wenn man das angebliche Gründungsjahr 753 v. Chr. und das sicher dokumentierte Untergangsjahr 476 n. Chr. zugrunde legt. Erst als das Römische Reich nicht mehr zur Selbstverteidigung in der Lage war, konnte es nach und nach (und von dem Skirenfürsten Odoaker dann endgültig) überrannt werden. Insofern lag es in diesem Falle weniger an der Bereitschaft zur Befolgung der überkommenen Maxime als an den unzureichenden militärischen Restkompetenzen Roms.

Die zielführende Logik der Maxime selbst ist jedenfalls unabweisbar. Je geschlossener das Stachelkleid des Igels, desto geringer die Neigung des Jagdhundes, sich in ihn zu verbeißen. Was Europa und der Welt während des sog. Kalten Krieges einen heißen, dritten Weltkrieg ersparte, war das sog. Gleichgewicht des Schreckens, mit dem sich die hochgerüsteten potenziellen Kriegsgegner – NATO und Warschauer Pakt – gegenüberstanden. Wäre die Ukraine nicht schon seit Jahren, spätestens aber seit der russischen Annektion der Krim, der römischen Maxime gefolgt, wäre sie wohl im Frühjahr 2022 innerhalb von wenigen Wochen von den russischen Aggressoren überrannt und großflächig besetzt worden. Und falls der Isolationist Donald Trump die amerikanische Präsidentschaft im November 2024 erneut gewinnen sollte, wird Europa nichts anderes übrigbleiben als nach einem eventuellen Wegfall des amerikanischen Atomschirms seine Selbstverteidigungsfähigkeit im Sinne der römischen Maxime deutlich zu verstärken. Hätte die israelische Regierung ihre Aufmerksamkeit nicht der um-

III. Si vis pacem… oder: Der Friede zwischen den Staaten

strittenen Justizreform, sondern der Verteidigungsbereitschaft des Landes gewidmet und der israelische Geheimdienst im Spätsommer 2023 nicht völlig versagt, wäre es nicht zu dem Hamas-Massaker vom 7. Oktober gekommen. Die Liste der historischen Beispielsfälle für die Konsequenzen der Achtung oder Missachtung der römischen Maxime ließe sich beliebig verlängern. Unter der Voraussetzung, dass die eigenen Kriegsvorbereitungen hinreichend defensiv und eben nicht provokativ wirken und deshalb zu Präventionsschlägen des Gegners reizen könnten, ist die Tauglichkeit der Maxime zur Verhinderung von Kriegen unabweisbar. Beglückend ist ihre Folgerichtigkeit nicht. Wer würde sich nicht lieber einen entspannten Verkehr der Staaten zu wechselseitigem „Nutz und Frommen" wünschen! Aber „die Verhältnisse sie sind nicht so" (Brecht in der Dreigroschenoper). Diese „Verhältnisse" freilich werden auch innerhalb der Staaten durch konkrete Menschen bestimmt und durch das „was in ihnen wohnt an Meinung, Geschmack und Humor" (Ringelnatz). Nicht zuletzt wird es mithin von deren Haltung zu Krieg oder Frieden bestimmt – ob für sie Friedenszeiten das Endziel bedeuten oder aber lediglich als Zwischenkriegszeiten gelten auf dem Weg zu einem unabänderlich feststehenden, um jeden Preis zu erreichenden Ziel. Mit anderen Worten: Auch die Frage nach dem Krieg zwischen den Staaten verweist letztlich wieder auf die anthropologischen Grundlagen der Problematik.

IV. Der Familienfriede

Wenn man sich in den aristotelischen Blickwinkel begibt, so sieht man die Familie als Keim- und Kernzelle der Dorfgemeinschaft und damit letztendlich auch des aus den Dorfgemeinschaften eines bestimmten Gebietes gebildeten Staates. Als Familie freilich verstand man in der griechischen Antike wie auch noch in römischer Zeit (im Gegensatz zu heute) nicht nur die Lebensgemeinschaft von (in der Regel) Mann und Frau samt deren Vorfahren und Nachkommen, sondern auch die unter ihrem Patronat oder Matriarchat lebenden Knechte und Mägde. Recht besehen wurde also dieser, im Römischen Recht als „familia" firmierende, Verbund – der Haushalt also – zur Keim- und Kernzelle aller weiteren Vergesellschaftungs- und Vergemeinschaftungsformen. Eine Sichtweise dies, die mit dem Ausklang der Antike und der Entwicklung des mittelalterlichen zunächst Lehens- und dann Ständestaates für geraume Zeit zwar nicht gänzlich obsolet, aber eben doch von diesen soziopolitischen Gliederungsstrukturen überlagert werden sollte. Die Verfassung des Lehens- wie des ihm nachfolgenden Ständestaates zeigte bis zur Auflösung des ‚Heiligen Römischen Reiches' an der Wende vom 18. zum 19. Jahrhundert eine Pyramidalstruktur weitverzweigter vertikaler Rechtsbeziehungen. Die Gehorsams- und Gefolgschaftserwartung der an der Spitze der Herrschaftspyramide stehenden Kaiser und Könige erreichte die (im Innenverhältnis nach wie vor zumeist patriarchalisch strukturierten) „Familien" nicht direkt, sondern vielmehr durch Vermittlung eines regional gestuften Systems politischer Amtsträger und Körperschaften. Insofern war es ein epochales Novum als der französische Staatsphilosoph Jean Bodin (1576-1596) in seinen „Six livres de la République" von 1576 den Staat (alias „république") als die „am Recht orientierte Regierungsgewalt über eine Vielzahl von Familien und das, was ihnen gemeinsam ist" definierte. Während in der lateinischen Fassung des Werkes von „Familien" die Rede ist, spricht die französische Fassung von „ménages" (Haushaltungen), was die über Jahrhunderte hinweg beibehaltene Bedeutungsgleichheit der beiden Begriffe dokumentiert.

Rechtlich gesehen war es nicht nur in der Antike und im Mittelalter, sondern auch noch in der sich nun in immer deutlicheren Individualisierungskreisen ankündigenden und manifestierenden Neuzeit in erster Linie der *pater familias*, der über die Geschicke der Familie und damit auch über den inneren Familienfrieden zu wachen hatte. Seine – gestufte – rechtliche und politische Privilegierung gegenüber Frau und Kindern sollte selbst in Deutschland noch weit in die erste Hälfte des 20. Jahrhunderts hineinreichen. Und als der Autor dieser Zeilen im Jahre 1965 in Italien die Ehe einging, wurde er in der kirchlichen Heiratsformel noch als „capo della famiglia" apostrophiert. Im schweizerischen Halbkanton Appenzell-Innerrhoden wurde den Frauen das Stimmrecht in der

IV. Der Familienfriede

„Landsgemeinde" erst kurz vor der Jahrtausendwende gewährt.

Ob die langanhaltende rechtliche Privilegierung der Männer der Eintracht und Harmonie zwischen den Ehepartnern einerseits und den Vätern und Kindern andererseits förderlich war, lässt sich kaum generell beantworten, darf aber zumindest dann füglich bezweifelt werden, wenn man unter einem gelingenden „Familienfrieden" weit mehr versteht als den Verzicht auf offen ausgetragene Konflikte. Bezweifelt werden muss dies insbesondere im Hinblick auf jene Länder und Zeiten, in denen Ehen eher selten aufgrund wechselseitiger Zuneigung, sondern zumeist unter elterlicher und verwandtschaftlicher Regie aus sozioökonomischen oder politischen Opportunitätserwägungen zustande kamen (und zum Teil auch heute noch zustande kommen). Selbst solche, mit einer Art von seelischer „Erbsünde" behaftete Ehen konnten (wenn man einzelnen historischen Zeugnissen vertrauen darf) einigermaßen „friedlich" oder gar wider Erwarten glücklich verlaufen. Ein berühmtes historisches Beispiel hierfür scheint die aus politischer Not (beider Partner) geborene Ehe zwischen dem späteren Kaiser Maximilian (1459-1519) und der Herzogin Maria von Burgund (1457-1482) gewesen zu sein. Häufig genug war dann aber wohl eher das Gegenteil der Fall, zumal bei fehlender wechselseitiger Zuneigung auch mehr oder minder offene und mehr oder minder geduldete „Seitensprünge" oder Parallelbeziehungen zur Dauerbelastung solcher Familien werden konnten. Ein ambivalentes Phänomen dies, das freilich in Ausnahmefällen auch zu einer Dauer*ent*lastung glückloser Ehen werden konnte und nur bedingt etwas mit der Art von deren Zustandekommens zu tun hat. Ehebruch als Gefährdung des Familienfriedens durchzieht jedenfalls die gesamte Sozialgeschichte der Familie. An der Spitze der Sozialpyramide wurden „Nebenbeziehungen" fast die Regel. Auch auf allen anderen Ebenen waren sie keineswegs selten. In Bocaccios „Decamerone" (1553) wird der Ehebruch vielfach zur Posse, in Choderlos de Laclos' „Gefährliche(n) Liebschaften" (1762) zum ebenso frivolen wie intriganten Gesellschaftsspiel, in Flauberts „Madame Bovary" (1856), Tolstois „Anna Karenina" (1877) und Fontanes „Effi Briest" zur Tragödie.

Während sich die christlichen Kirchen noch immer bemühen, die ‚Heiligkeit der Ehe' zu propagieren, hat sich in Europa des 20. Jahrhunderts bis hin zur Gegenwart mehr und mehr die Maxime durchgesetzt „Tout comprendre – c'est tout pardonner" („Alles verstehen heißt alles verzeihen"). In Deutschland wird heute mehr als jede dritte Ehe irgendwann geschieden. Hinzu kommen die statistisch nur unvollständig erfassten, keineswegs seltenen Fälle von Getrenntleben bei formaler Aufrechterhaltung des Rechtsbandes der Ehe.

Dass in all' diesen Fällen der (wie auch immer verstandene) Familienfriede gestört war oder ist, liegt auf der Hand. Und dies, obwohl ganze Legionen von Astrologen, Psychologen, Mediatoren, Psychotherapeuten und sonstigen Lebensberatern verschiedenster Art bereitstehen, schon im Vorhinein bei der Lösung oder auch im Nachhinein dort bei der Bewältigung von Partnerschaftskonflikten behilflich zu sein, wo in früheren Zeiten in solchen Situationen eher geistlicher Beistand ge-

IV. Der Familienfriede

sucht wurde. Während die einen ihr Brot damit verdienen, im Auftrag ihrer in ihren Ehen oder sonstigen Lebensgemeinschaften vor dem Scheitern stehenden Klientinnen und Klienten zu retten, was zu retten ist, bemühen sich die Anderen, im Auftrag der in ihren Beziehungen endgültig Gescheiterten die Folgen dieses Scheiterns für sie abzufedern, um die Nachbeben der entstandenen Friedlosigkeiten nicht zur Dauerbelastung werden zu lassen.

Als Daueraufgabe setzt sich die Wahrung des Familienfriedens auch in den – nach dem Scheitern einer Ehe häufig entstehenden – sog. Patchwork-Familien fort, wenn die aus einer ehelichen oder partnerschaftlichen Beziehung Ausgeschiedenen in die neue Lebensgemeinschaft eigene Kinder einbringen oder Kinder des neuen Partners mit aufnehmen. Dass solche familiären Konstellationen die Schaffung oder Wahrung des „neuen" Familienfriedens zumeist nicht gerade einfacher macht, entspricht der Alltagserfahrung. Es ist ja keineswegs so, dass nur das Verhältnis der Eltern zueinander zum Problem werden kann, sondern häufig genug auch das Verhältnis der Kinder (spätestens während der Pubertät) zu den leiblichen Eltern und dann erst recht zu den Stiefeltern und Stiefgeschwistern. Was die langfristige Erhaltung des Familienfriedens gerade auch im Verhältnis von Eltern (oder einzelnen Elternteilen) zu Kindern und Stiefkindern so kompliziert macht, ist die schlichte Tatsache, dass schon die eigenen Kinder (und erst recht etwaige Stiefkinder) nun mal nicht nach den eigenen Wunschvorstellungen aus einer Art von Himmelskatalog bestellt werden können, sondern einem vom Schicksal ohne Retouradresse präsentiert werden. Wenn es vielleicht auch in begrenztem Maße möglich sein mag, auf das Sternzeichen Einfluss zu nehmen, unter dem ein Wunschkind geboren wird bzw. geboren werden soll, so ist schon ein Einfluss auf das gewünschte Geschlecht des Kindes nur unter sehr fragwürdigen Umständen möglich. Der Versuch, auf den Zeitpunkt der Geburt Einfluss zu nehmen, wird nicht selten im Blick auf jahrtausendealte astrologische Entsprechungsgesetze unternommen. Eine astrologische Konflikt-Konstellation zu einem oder beiden Elternteilen ist aber nicht die einzige potentielle Gefahr für den künftigen Familienfrieden. In eine Lebensgemeinschaft zwischen (in der Regel noch immer) Mann und Frau oder auch in eine bereits mit Kindern „gesegnete" Ehe oder sonstige Partnerschaft hineingeborene Kinder können aber nicht nur aus astrologischen, sondern auch aus genetischen oder evtl. auch karmischen Gründen viele sowohl harmonie- als auch konfliktträchtige Potenziale in eine Familie einbringen, deren Implikationen und Konsequenzen dann erst im Laufe der Zeit erkennbar werden. Hinzu kommt, dass sich nicht nur das Verhältnis der Kinder zu den Eltern oder Stiefeltern, sondern auch zu den evtl. schon in der Familie lebenden oder noch dazukommenden Geschwistern – je nach dem Gleich- oder Missklang der Charaktere – sehr unterschiedlich entwickeln kann. Wollte man es mit einem Anflug von schwarzem Humor formulieren, so könnte man sagen, dass es sich beim Eingehen einer Ehe oder sonstigen Partnerschaft wie auch bei der (unbedachten) Zeugung von Kindern im Hinblick auf das wohl von den meisten Menschen erhoffte

IV. Der Familienfriede

Wunschziel „Familienfriede" um eine Art von Russischem Roulette handelt, bei dem man alles andere als sicher sein kann, unbeschadet „über die Runden" zu kommen. Wer also mit dem Gedanken spielt, eine dauerhafte Beziehung einzugehen, wird sich vorab entscheiden müssen, woran er sich orientieren will – an der Gefahr eines Scheiterns oder an der Chance des Gelingens. Um den Unsicherheitsfaktor möglichst gering zu halten, suchen daher auch nicht wenig Menschen in dieser Entscheidungssituation den Rat von Wahrsagern, Sterndeutern und sonstigen Adepten esoterischer Künste. Dass sie dabei aber oft nur das zu hören bekommen, was sie hören wollen, entspricht ebenfalls der Alltagserfahrung.

Sehr berechtigt freilich scheint die Frage, inwieweit ein quietistisch verstandener Familienfriede um jeden Preis wirklich als legitimes Wunschziel für eine familiäre Lebensgemeinschaft betrachtet werden sollte. Im Grunde ihres Herzens wünschen sich wohl die meisten, wenn nicht alle Menschen ein harmonisches Verhältnis zu den ihnen kraft Geburt, Neigung oder Umständen nahestehenden Mitmenschen. Dies jedoch ohne dass dabei die (deshalb zumeist auch spöttisch intonierte) Devise „Friede, Freude, Eierkuchen" im Raum zu stehen braucht. Unleugbar ist, dass zur ständigen geistig-seelischen Weiterentwicklung nicht nur von Kindern und Heranwachsenden, sondern auch von Erwachsenen nicht nur Lob und Anerkennung gehören. Auch das Zur-Kenntnis-Nehmen und die Auseinandersetzung mit anderen als den eigenen Meinungen ist ein bedeutsames Medium der Persönlichkeitsentwicklung. Bei solchen Auseinandersetzungen aber wird man kaum erwarten können, dass stets die verhaltene Tonlage auf- und abgeklärter Geister vorherrscht. Wo gehobelt wird, da fallen Späne", weiß ein altes Sprichwort. Gelegentliche Aufwallungen bei Meinungsverschiedenheiten brauchen jedoch einem ganzheitlich verstandenen Familienfrieden nicht abträglich zu sein, wenn die familiäre Empathie stets aufs Neue dafür sorgt, dass sich gelegentliche Dissonanzen nicht verfestigen und die Grundstimmung „in der Waag' und im Zirkel" (Paracelsus) bleibt. Dass dies nicht immer gelingt und deshalb auch zu dauerhaften familiären Spaltungen führen kann, ist „traurig, aber wahr". Während sich bei Generationskonflikten nach einer mehr oder minder ausgedehnten Abkühlungs- und Bedenkphase häufig, wenn nicht zumeist, dann doch das gemeinsame „Blut dicker als Wasser" erweist, sorgen religiös und politisch tiefgreifende Weltanschauungsdifferenzen wie auch aus Erbschaftsstreitigkeiten resultierende Verbitterungen eher für dauerhaft vermintes Gelände, auf dem eine Wiederherstellung des Familienfriedens oft nicht mehr möglich ist.

Wie stets und überall geht es auch bei der Wahrung eines im Detail nicht eindeutig definierbaren, von Fall zu Fall sehr unterschiedliche Züge zeigenden Familienfriedens stets um ein ausgewogenes Verhältnis von Harmonie und Reibung bei der innerfamiliären Kommunikation. Unabdingbar ist die von allen Mitgliedern einer Familie getragene Bereitschaft, die Lebensinteressen eines jeden Angehörigen des Familienverbundes zu fördern. Und unabdingbar ist auch ein „gerüttelt Maß" (aber keineswegs die völlige) Übereinstimmung in wichtigen Richtungsfragen zumindest zwischen den Begründern

IV. Der Familienfriede

der familiären Lebensgemeinschaft – in der Regel also immer noch zwischen Mann und Frau. „Ehen", sagt ein Sprichwort, „werden im Himmel geschlossen", sind also letztlich (wenn man dem Sprichwort Glauben schenken will) vorherbestimmt und damit schicksalhaft. Wer allerdings an einen solchen schicksalhaften Einfluss glaubt, wird schwerlich ausschließen können, dass „der Himmel" sowohl mit den Gründern der familiären Lebensgemeinschaft als auch den danach – sei es als leibliche Nachkommen, sei es als Patchwork-Nachzügler – Hinzukommende „etwas vorhat", dass er den Keim zu etwaigen Dissonanzen gleich mitgesandt hat, damit sich die Protagonisten dieser Dissonanzen (bestenfalls) nach der Devise „Per aspera ad astra" (durch das Bittere hindurch zu den Sternen) entwickeln können. Mit anderen Worten: dass gelegentliche Störungen des Familienfriedens mithin als Läuterungs-, Erziehungs- und Reifungsprogramm bereits vorgesehen waren. Gleichwohl hat der so selten in vollem Umfang erfüllte Wunschtraum „Familienfriede" seine unbezweifelbare Berechtigung. Spricht man nicht auch vom „himmlischen Frieden" als letztendlichem Lebensziel – einem Lebensziel, das aber auch nur „jenseits der Wolken" vorstellbar ist.

Wer für sich selbst und seine Nächsten ein weitgehend störungsfreies, harmonisches Familienleben und damit den Zustand ersehnt, der gemeinhin unter „Familienfriede" verstanden wird, wird das Seine dazu beitragen müssen. Abgesehen von einer verantwortungs- und liebevollen Grundhaltung zu den evtl. sehr unterschiedlichen Lebensinteressen der Familienmitglieder wird er oder sie stets versuchen müssen, der – sich auch in der

Ethik der abrahamitischen Religionen spiegelnden – goldenen Regel der Stoa zu entsprechen – jenem „Was du nicht willst, dass man dir tu' das füg auch keinem anderen zu" bzw. der ins Affirmative gewendeten Mahnung Jesu in der sog. Bergpredigt: „Was du willst, dass man dir tue, das tue auch Anderen". Die Dankbarkeit und Vertrautheit, die einer ständigen Befolgung dieser ethischen Maximen zu folgen pflegt, ist in aller Regel geeignet, jenes Gefühl der Zusammengehörigkeit und wechselseitigen Hilfsbereitschaft zu fördern, das die unverzichtbare Basis jedes dauerhaften Familienfriedens ausmacht.

Der Familienfriede kann freilich nicht nur durch Störungen der innerfamiliären Kommunikation unter Druck geraten, sondern auch durch äußere – insbesondere sozioökonomische und soziopolitische – Umstände nachhaltig belastet werden. Sich verschlechternde Lebensbedingungen können innerfamiliäre Spannungszustände auslösen oder auch bereits vorhandene verstärken und damit die Unzufriedenheit in den Familien auch zum öffentlichen Problem machen. Deren Gemütslage nämlich wird über kurz oder lang auch mehr oder minder nachhaltigen Einfluss auf die „Stimmung im Lande" haben, zumal die Medien der öffentlichen Kommunikation und die sozialen Netzwerke dann als Verstärker wirken und letztendlich auch den Kurs der Landespolitik mitbestimmen werden. Zumindest in den demokratisch verfassten Staaten müssen die Protagonisten der „großen Politik" schon aus wahlpolitischen Gründen „bei offenem Fenster schlafen", um des Volkes Stimme und die daraus resultierende Stimmung im Lande nicht zu überhören. Bleiben die Fenster lange geschlossen, kann dies zu öf-

IV. Der Familienfriede

fentlichen Unruhen und letztlich auch zu einem Sturz der jeweiligen Regierung führen. Insofern ist unabweisbar, dass sich die „Zufriedenheit" in den Familien (und damit auch der Familienfriede) und der Friede im Öffentlichen Raum wechselseitig bedingen.

Welchen Blickwinkel man bei der Betrachtung dieses Phänomens auch immer einnehmen mag – so viel steht fest: Sowohl bei der Schaffung und Bewahrung eines dauerhaften Familienfriedens als auch bei der Schaffung und Bewahrung des Friedens im Öffentlichen Raum handelt es sich um die Arbeit an sozialen Kunstwerken, die in einem unaufhebbaren inneren Zusammenhang stehen.

Non ci badar, guarda e passa!
Dante Alighieri

V. Dona nobis pacem oder: Der Seelenfriede

Alle Friedensbemühungen dieser Welt haben nur dann Aussicht auf nachhaltigen Erfolg, wenn auch ihre rationalen Impulse dem Motivationsgrund einer ausgewogenen und gefestigten menschlichen Seelenordnung entspringen. Wer sich selbst ruhe- und friedlos fühlt, mag guten Willens sein, vermag aber schwerlich einen überzeugenden Impuls zur Friedenswahrung oder Friedensstiftung zu geben oder gar konstruktiv umzusetzen. Um solches zu leisten, bedarf es eines mentalen Zustands gelassener Authentizität. Ob nun ausdrücklich als Lebensziel benannt oder nur insgeheim als solches ersehnt – der Einklang von äußerem Wirken und innerem Wahrnehmen dürfte den *Homo sapiens* in allen Stadien seiner Entwicklungsgeschichte begleitet haben. Die Intensität dieses Bedürfnisses freilich scheint mit zunehmender zivilisatorischer Komplexität der Lebensverhältnisse eher zu als abgenommen zu haben. Wo in den Hoch-Zeiten des christlichen Abendlandes wie auch in allen anderen christlich geprägten Regionen der Erde der Besuch von „Gottesdiensten" und (bei den Angehörigen der Katholischen Kirche) eine gelegentliche – ob nun formelle oder informelle – Beichte samt priesterlicher Absolution genügen musste, um bei Gewissenskonflikten diesen Einklang (wieder) herzustellen oder von vorneherein zu bewahren – das zu bewirken also, was sich die Moslems von der - zumindest einmal im Leben durchzuführenden - Pilgerschaft nach Mekka erhoffen, ist in manchen westlichen Gesellschaften inzwischen der habituelle Gang zur Couch des Psychiaters oder Psychotherapeuten geworden. *Dass* der Gang zum priesterlichen „Seelsorger" in vormodernen Zeiten höherer Glaubensfestigkeit als heilsam gelten konnte, hatte sehr viel mit einer vom christlichen Kirchenvater Augustinus (354-430) verkündeten Überzeugung zu tun, der sich an seinen Gott mit den Worten wendet: „Kein Herz wird Ruhe finden, ehe es ruht in Dir". Eine Überzeugung dies, die Augustinus mit der weiteren untermauert: ..."quia nos fecisti ad te" – weil Du uns ja auf Dich hin geschaffen hast. Hierbei als geistige Wegbegleiter zu dienen, boten sich in den Zeiten ihrer noch weniger fragwürdigen Glaubwürdigkeit die christlichen Priester an.

Obwohl das in seinen „Confessiones" betonte Credo – isoliert betrachtet – das von Augustinus zugrunde gelegte Gottesbild offenlässt, sollte es in der christlichen Konfessionspraxis erst mit dem weiteren Glaubenssatz wirkmächtig werden, dass der nach dem Bericht der neutestamentarischen Evangelien heiligmäßig-erleuchtete galiläische Prophet und Weisheitslehrer Jesus von Nazareth „wahrer Mensch und wahrer Gott" gewesen sei. Mit anderen Worten, dass er – wie dies das auf dem Konzil von Nicäa (325) beschlossene und verkündete Dogma besagte – als Gottvater "wesensgleicher" Gottessohn und damit als ein (mit Gottvater und Hl. Geist in erhabener Dreieinigkeit verbundener) Gott zu sehen sei. Da sich die aufgrund der neutestamentarischen Überlieferungen als legitime Erbin(nen) der göttlichen Gnadensvermittlungsmacht ihrer Lichtgestalt Jesus verstehend(en) christlichen Kirche(n) als Brückenbauerin(nen) - nicht von Ungefähr beansprucht der Papst den Titel eines „Pontifex" - zwischen Himmel und Erde betrachtet(n), sahen und sehen sie auch ihre Priester als zur Seelsorge legitimierte Vermittler. Ein Blickwinkel dies, der anderthalb Jahrtausende lang von einem Großteil der Christenheit geteilt wurde und auch die Politische Theologie des Abendlandes bis weit in die Neuzeit hinein prägte, da sich auch die weltlichen Autoritäten gerne auf die geistliche Autorität der als Legitimationsspenderin(nen) willkommenen Kirche(n) stützten. Seit der Aufklärungsphase des 18. Jahrhunderts freilich verlor dieses Legitimationsnarrativ mehr und mehr an Glaubwürdigkeit, zumal neben zahlreichen theoretischen Bruchstellen (Zuverlässigkeit der Überlieferungen, Fragwürdigkeit des Konzils von Nicäa etc.) auch die menschlichen Verfehlungen kirchlicher Autoritäten und der ihnen nachgeordneten Priester ein Übriges taten, um deren Seelsorge-Kompetenz in Frage zu stellen. Im selben Maße, in dem sich die Kirchen und Beichtstühle leerten und die Kirchenaustritte mehrten, verstärkte sich die Suche nach neuen Medien der Seelsorge. Auch am Rande der an Glaubwürdigkeit verlierenden christlichen Kirchen bildeten sich aber im Ringen um Restlegitimität einzelne Gruppierungen, die neues Ansehen zu gewinnen vermochten. So etwa die in Frankreich ansässige überkonfessionelle Taizé-Bewegung, die in (inzwischen weltweit verbreiteten, meditativ orientierten Kleingruppen christliche Seelsorge zu leisten versucht. Die 1942 von dem Schweizer Roger Schütz in der Nähe des einstigen Reformklosters Cluny im damals nicht besetzten Teil Frankreichs begründete ökumenische Bruderschaft stellt ihr Wirken unter das Symbol von Kreuz und Taube, widmet sich mithin Friedfertigkeit, Einfachheit und Nächstenliebe auf allen Ebenen des sozialen Lebens. Von besonderer Bedeutung sind die in Taizé veranstalteten Jugendtreffen, bei denen die Ideale der Bewegung in mönchischer Tradition mit Gebet und Gesang vermittelt werden. Berühmt geworden sind die meist einstrophigen, in kanonischer Wiederholung vorgetragenen schlichten Texte, die ausgesprochen suggestiv wirken und – in Kleinkreisen gesungen – eine meditative Atmosphäre vermitteln und verbreiten. Der Text eines für die Zielsetzung der Taizé-Bewegung zentrales dieser gesungenen Gebete lautet „Dona nobis pacem – schenke uns Frieden!"

Angesichts der globalen Friedlosigkeiten auf allen kollektiven und individuellen Ebenen sowie auch der Abnutzung und des Missbrauchs der ebenfalls allgegenwärtigen Friedensrhetorik eint die sich von der Taizé-Bewegung angesprochen Fühlenden nicht zuletzt die Überzeugung, dass es nicht großartige Deklarationen und verzweifelte Demonstrationen sind, die den Frieden nachhaltig zu fördern vermögen, sondern – neben der Bemühung um die Deckung menschlicher Grundbedürfnisse und den Ausgleich gegensätzlicher Interessen auf allen

V. Dona nobis pacem oder: Der Seelenfriede

Daseinsebenen – insbesondere die Befriedung des eigenen Seelenlebens aller in Konflikte verstrickten Menschen.

Der von der Taizé-Bewegung unter christlichen Vorzeichen eingeschlagene Befriedungspfad ist zumindest im Ansatz mit dem auch in der westlichen Welt immer mehr Anhänger findenden buddhistischen vergleichbar. Was der chinesische Weise Konfuzius (ca. 650-550 v. Chr.) im Hinblick auf den Umgang mit der Sprache zu vermitteln versuchte („Wer die Worte in Ordnung bringt, bringt die Welt in Ordnung") könnte, auch für die dem „mittleren Pfad" Buddhas Folgenden im Hinblick auf den eigenen Seelenfrieden gelten: Wer sich selbst in einen Zustand friedvoller Seelenruhe zu bringen vermag – so die Grundüberzeugung aller buddhistischen Ansätze – hat die besten Voraussetzungen, diesen Zustand auch seiner Mitwelt weiter zu vermitteln.

In den westlichen Industrieländern gibt es heute eine Vielzahl von Konzentrations-, Meditations- und sonstigen Selbstfindungsgruppen, in denen solches östliche Weisheitswissen vermittelt und praktiziert wird. Wer sich ihnen zuwendet, sucht jene auch schon von den Epikuräern erstrebte edle Seelenruhe (Ataraxia) und den von der Stoa gelehrten Gleichmut (Apatheia), mit der diese nachklassischen Schulen griechischer Lebenskunst den Menschen inmitten der politischen Turbulenzen ihrer Zeit Halt und Sicherheit zu vermitteln suchten.

Nach all' dem Gesagten steht jedenfalls so viel fest: Der Weg zu friedvollem Gleichmut, zu jenem mentalen Zustand also, den man als Seelenruhe oder Seelenfrieden zu bezeichnen pflegt, ist mit einer Vielzahl von Impulsen westöstlicher Weisheit gepflastert und flankiert. Begangen werden aber muss er von jedem einzelnen Friedenssucher auf die ihm nach seiner Sozialisation und Geistesprägung naheliegendste Weise. Wem es trotz aller Bemühung aus eigener Kraft nicht ohne Weiteres gelang oder gelingt, diesem Befriedungspfad zu folgen, mochte sich ehrenamtlichen oder auch professionellen seelsorgerischen Begleitern anvertrauen. Viele dieser Mentoren schöpften und schöpfen aus buddhistischen Quellen. Was sich schon in den Jahren vor dem ersten Weltkrieg andeutete, als Rainer Maria Rilke in seinem „Stundenbuch" von den „Armen" einer „tief aus Gleichgewicht und Maß" gefallenen Zivilisation sprach und was sich zwischen den Weltkriegen fortsetzte, als Hermann Hesse seine „Morgenlandfahrt" und seinen „Siddharta" schrieb, sollte sich in den Jahrzehnten nach dem zweiten Weltkrieg weiter verstärken. Von der zivilisatorischen Wachstums-Hektik erschöpft und friedlos geworden, wandten sich nun viele Zeitgenossen einer vorwiegend buddhistisch gefärbten Entschleunigungs- und Achtsamkeitspraxis zu und machten sich auf die Suche nach geistigen Leitfiguren. Neben dem unermüdlich lehrenden Dalei Lama als exiliertem Oberhaupt des Tibetanischen Buddhismus, dem indischen Weisen Sai Baba und dem (freilich zwielichtigen) Bhagwan war es vor allem der aus Vietnam stammende, bis zu seinem Tod im Jahre 2022 in Frankreich und weit darüber hinaus wirkende vietnamesische Mönch, Zen-Meister und Dichter Thich Nhath Hanh, der als Weisheitslehrer weltweites Ansehen gewinnen sollte. Durch seine Schriften, Vorträge und Seminare, sollte er auch in Europa zum geistigen Mentor

V. Dona nobis pacem oder: Der Seelenfriede

zahlreicher um Seelenfrieden ringender Menschen werden. Was vielen auf der Suche nach Seelenfrieden befindlichen Menschen zu helfen versprach und zu helfen schien, war die dezidiert gegenwartsbezogene Einfachheit der von ihm gelehrten Meditationspraxis. Ob nun Atem-Meditation, Geh-Meditation, Sitz-Meditation oder gar Essens-Meditation – stets hatten und haben diese Übungen für die sie Praktizierenden das Ziel, jenes gelassene „Bei-sich-selbst-Sein" zu fördern, das schon G.W.F Hegels „Phänomenologie des Geistes" als Inbegriff innerer Freiheit galt, damit aber zugleich auch zur Voraussetzung individueller Seelenruhe und Seelenfriedens werden kann.

Einer innigen Verbindung west-östlicher Weisheits- und Friedensimpulse entsprungen sein dürfte ein unter dem Titel „Desiderata" publik und in der Flower-Power-Bewegung der Nachkriegszeit prominent gewordene, angeblich aus der alten St. Pauls-Kirche in Baltimore von 1692 stammende (in Wirklichkeit aber von dem amerikanischen Autor und Anwalt Max Ehrmann im Jahre 1927 verfasster) Text, der sich an jeden einzelnen Friedenssuchenden wendet: „Gehe ruhig und gelassen durch Lärm und Hast", heißt es da, „und sei des Friedens eingedenk, den die Stille bergen kann…Lebe in Frieden mit Gott, welche Vorstellung du auch von ihm haben magst…Inmitten der lärmenden Wirrnis des Lebens erhalte dir den Frieden deiner Seele."

Die auch in diesem – in seinem vollen Wortlaut eine zutiefst humanistische Gesinnung atmenden – Text zum Ausdruck kommende Lobpreisung der Stille ist zweifellos ein Pflanzgrund des Friedens. Nicht von Ungefähr weiß auch ein uraltes Sprichwort, dass „Reden Silber", „Schweigen (aber) Gold" wert sei. Und nicht von Ungefähr wird die Stille auch in einem bekannten, die weihnachtliche Friedensbotschaft zur Landschaftschiffre transfigurierenden Winterlied beschworen: „Leise rieselt der Schnee/still und stumm liegt der See/.../In den Herzen wird's warm/still schweigt Kummer und Harm."

Auch die Stille freilich kann nur dann zum Ausgangs- und Angelpunkt von Seelenfrieden werden, wenn sie zumindest tendenziell ein All-Ein-Sein birgt – das Bewusstsein also einer ebenso existentiellen wie innigen Verbundenheit der eigenen Existenz mit der jeweiligen Um- und Mitwelt und deren gemeinsamem Quellgrund, den Baruch de Spinoza als „Deus sive Natura" (Gott oder die Natur) apostrophiert. Ein meditativer Zustand dies, den zu erreichen wohl Wenigen leichtfallen wird, zumal er wenig gemein haben kann mit jener Zurückgezogenheit, die lediglich zum Ziel hat, als Ruhepause vor künftigen Geschäftigkeiten zu dienen. Einen von vielen denkbaren, jedenfalls einfachen und überzeugenden Zugang zu diesem die Dinge des Lebens im eigenen Inneren zum Ausgleich bringenden Zustand bietet auch insoweit wieder der schon erwähnte buddhistische Weisheitslehrer Thich Nhat Nanh mit seiner Geh-Meditation: „Mit jedem Schritt/komme ich heim/Mit jedem Schritt/kehre ich zu meiner Quelle zurück/Mit jedem Schritt/nehme ich Zuflucht zur Mutter Erde."

Auf der Suche nach Seelenfrieden zur ‚Mutter Erde' Zuflucht zu nehmen mag für den einzelnen Menschen in die Bemühung münden, sich mit den Gesetzlichkeiten der Natur in Einklang zu bringen und so inmitten der

V. Dona nobis pacem oder: Der Seelenfriede

Stürme des Lebens sich auf jene „Insel des Friedens" im eigenen Inneren zu retten, von der in einem Zarathustrischen Gutha die Rede ist (TNH/106). In wieweit sich diese mit den menschlichen Vorstellungen eines friedlichen Miteinanders vereinbaren lassen, mag allerdings nicht ganz unproblematisch erscheinen, wovon nun in der Folge die Rede sein mag.

VI. Der Friede in und mit der Natur

Den „Frieden" mit der Natur zu suchen, ist gegen Ende des 20. Jahrhunderts, insbesondere dann aber zu Beginn des 21. Jahrhunderts zu einem im wahrsten Sinne des Wortes weltbewegenden Appell geworden. Zu einem weltbewegenden Appell geworden ist diese von den Naturwissenschaften mit immer drängenderen Evidenzen begründete Forderung, weil die Menschheit (und insbesondere der in den fortgeschrittenen Industrieländern lebende Teil der Menschheit) seit der industriellen Revolution des 19. Jahrhunderts in einen nicht mehr zukunftsfähigen Arbeits- und Lebensstil verfallen ist – in einen Arbeits- und Lebensstil, der die natürlichen Lebensgrundlagen durch übermäßigen Rohstoffverbrauch und durch übermäßige Befrachtung mit Abraum-, Abwasser-, Abgas- und sonstigen Schadstoffen deren Regenerationsfähigkeit so sehr beeinträchtigt, dass auch das von dieser Regenerationsfähigkeit abhängige Überleben der Menschheit mittel- bis langfristig gefährdet erscheinen muss.

Im Zeichen der sog. Klimakrise steuert diese Entwicklung im ersten Viertel des 21. Jahrhunderts nun einem Höhepunkt zu. Was die Situation zudem als äußerst brisant erscheinen lässt, ist die Tatsache, dass die – bislang eher zögerlichen – politischen Versuche, diese fatale

Entwicklung aufzuhalten oder wenigstens abzubremsen, zu erheblichen sozialen Verwerfungen zu führen droht. Dass sich diese Gefahr für die umweltpolitische Praxis als drückender Hemmschuh erweist, liegt auf der Hand. Die enormen ökonomischen Folgelasten des ökologischen Niedergangs nämlich und der nicht minder hohe Finanzbedarf, der zur Eindämmung auch nur der gravierendsten Auswirkungen dieser Krise erforderlich erscheint, muss letztlich von denen gedeckt werden, die unter ihren Folgen geistig, seelisch und körperlich zu leiden haben. Und dies umso mehr als sich das von der Umweltbewegung der 70er- und 80er-Jahre des 20. Jahrhunderts so nachdrücklich eingeforderte Verursacherprinzip nur ansatzweise umsetzen lässt, weil im Hinblick auf die verursachten Umweltschäden Täter und Opfer weitgehend identisch sind, und auch, weil für politisch erwünschte technische Innovationen (wie dies zeitweise für die Kernspaltungsenergie der Fall war) nur bei staatlicher Risikoübernahme Investoren zu gewinnen waren. Getragen werden müssen die Krisenbewältigungskosten daher letztlich von der gesamten Gesellschaft. Da die staatstragenden Wirtschafts- und Machteliten aber trotz aller wahlpolitisch motivierten Politrhetorik in aller Regel dafür sorgen, dass die steuerliche Hauptlast von den Mittelschichten getragen wird, gelangen auch diese – eigentlich die Stabilität eines Gemeinwesens garantierenden – gesellschaftlichen Gruppen an ihre Schmerz- und Toleranzgrenze. Was mithin unter dem Banner einer Wiederherstellung des „Friedens mit der Natur" auf den Weg gebracht und in der Regel auch durchgesetzt wird, tendiert in wachsendem Maße zur Gefährdung des sozialen

VI. Der Friede in und mit der Natur

Friedens auch durch die traditionellerweise als Stabilitätsgaranten wirkenden Mittelschichten. In Deutschland ließ der in weiten Kreisen der Gesellschaft hartnäckig geleistete Widerstand gegen das von der rot-grün-gelben „Ampelregierung" 2023 auf den Weg gebrachte, die wirtschaftliche Leistungsfähigkeit der unteren und mittleren Gesellschaftsschichten überfordernde Heizungsenergiegesetz (was im Nachhinein selbst von seinen Autoren anerkannt wurde) ein deutlich lesbares Menetekel erkennbar werden.

Der sozial- und naturgeschichtliche Hintergrund dieser Situation ist unübersehbar. Da sich der Mensch – ganz im Sinne des laut alttestamentarischer Poesie angeblich göttlichen Gebots – die Erde im Laufe seiner Entwicklungsgeschichte gründlich untertan gemacht und ihr im Zuge dieses Unterwerfungsprozesses weit verbreitetem *Ondit* den Krieg erklärt hat, muss er nun auch die Implikationen und Konsequenzen dieses Krieges tragen. Da er aber diesen Krieg weder gewinnen noch seine Folgen tragen kann, bleibt ihm bei dieser Sichtweise und Sprachregelung nichts Anderes übrig als sich um einen – wie auch immer beschaffenen – „Frieden mit der Natur" zu bemühen.

Wie die jahrtausendealte Sozial- und Politikgeschichte der Menschheit lehrt (aber auch die Phänomenologie unserer animalischen Mitwelt zeigt) war die Bemühung der sich um Frieden bemühenden schwächeren Kriegspartei stets von Unterwerfungsgesten gegenüber der stärkeren Kriegspartei begleitet. Angesichts der globalen Klimakrise befindet sich die Menschheit heute gegenüber der Natur in einer vergleichbaren Lage. Die im Interesse ihres Überlebens unumgängliche Veränderung des Arbeits- und Lebensstils lässt sich unschwer als allfällige Unterwerfungsgeste verstehen. Und auch die jedem Einzelnen auferlegten Kosten etwa der sog. Energiewende sind letztlich nichts Anderes als die zur Abwendung oder wenigstens Abmilderung der viel beschworenen Klimakrise zu leistenden Tribute. Und darüber, wer diese Last zu tragen hat, wird heute und morgen ebenso diskutiert und gestritten wie dies seit eh und je der Fall war. Um die Bemühungen um einen „Friedensschluss" mit der Natur nicht zur Aufkündigung des innerstaatlichen und zwischenstaatlichen Friedens entgleisen zu lassen, wird es schon heute, erst recht aber in der Zukunft bei absehbar wachsender Belastung eines erheblichen Maßes an staatsmännisch-diplomatischer Weisheit einerseits und bürgerschaftlicher Einsichtsfähigkeit andererseits bedürfen.

Bei einem Wechsel der Perspektive wird man sich allerdings auch die Frage stellen müssen, ob es sich bei dem ständigen Zugriff des Menschen auf die Natur wirklich um einen „Krieg" gegen die Natur handelt oder ob sich der Mensch als Teil der Natur in seinem Bewegungsstil nicht doch „naturgerecht" verhält. Geht man nämlich von der Stimmigkeit der Darwin'schen Evolutionstheorie aus, so hat sich der *Homo Sapiens* in unendlich langen Zeiträumen über viele Evolutionsstufen hinweg zu dem Geschöpf entwickelt, dessen Sozialgeschichte heute drei- bis sechstausend Jahre mit einiger Deutlichkeit zurückverfolgt werden kann – über einen Zeitraum also, innerhalb dessen er sich (wenn auch mit regionalen Unterschieden) dank seiner kognitiven Einsichts- und Erfin-

VI. Der Friede in und mit der Natur

dungskräfte vom nomadisierenden Jäger und Sammler zum sesshaften Ackerbauern und schließlich zum neuzeitlichen *Homo Faber* entwickelt hat. All' diese Entwicklungsschritte waren mit – sich in ihrer Intensität ständig steigernden – Zugriffen auf die natürliche Um- und Mitwelt verbunden. Dennoch ist die Frage unabweisbar, ob sich der Mensch bei diesen (uns Heutigen vielfach als *Über*griffe erscheinenden) Zugriffen wirklich um einen „Krieg" gegen die Natur gehandelt hat oder ob sich der seinem eignen Entwicklungsgesetz folgende Homo Sapiens, recht besehen, sogar naturgerecht verhalten hat.

Eine unbequeme Frage dies, die so gar nicht zu unserem Zeitgeist passen will, der unter dem Eindruck zahlreicher ökologischer Krisen und im Bewusstsein zumindest der Mitverantwortlichkeit des Menschen für diese Krisen voll der Mahnrufe nach Zurückhaltung und Wiedergutmachung ist, diese Appelle in dehnbare Kompromissformeln wie die des „nachhaltigen" Wachstums oder der „Entschleunigung" verpackt und der zivilisatorischen Megalomanie die Devise „Small is beautiful" entgegensetzt. Dass jedoch angesichts einer ständig weiterwachsenden Weltbevölkerung von zurzeit 8,25 Milliarden und des Strebens der bislang wirtschaftlich unterprivilegierten Bewohner der Dritten Welt nach der baldigen ökonomischen Gleichstellung mit den Bewohnern der Ersten Welt der Wettlauf zwischen dem Hasen umweltverträglicher Verhaltenskorrekturen und dem Swingel weiter zunehmender Naturbelastung zugunsten des Letzteren zu enden droht, ist absehbar. Und absehbar sind auch die für die Menschheit potenziell suizidalen Folgen dieses fatalen Wettlaufes. Dass es dennoch so schwerfällt, dessen Rahmenbedingungen im Zeichen eines sozialen Friedensschlusses mit der Natur zu verändern, ergibt sich nicht zuletzt aus der Tatsache, dass sich der Mensch – zumindest im Ansatz – eher nicht naturwidrig verhält, sondern vielmehr als Teil der Natur seiner eigenen Natur folgt, die man nicht ohne weiteres als friedlich charakterisieren kann. Im Konkurrenzkampf um knappe Güter jeglicher Art (die auch immaterieller Natur sein können) verhalten sich viele Menschen äußerst expansiv und bei Behinderung ihrer Bestrebungen oft genug ausgesprochen aggressiv. Es gibt jedenfalls gute Gründe, den Hobbes'schen logischen Mythos vom potenziellen Krieg Aller gegen Alle nicht ohne Weiteres als gänzlich abwegige Horror-Vision abzutun. Auch gibt es guten Grund für die Annahme, dass Hobbes mit seiner den Naturzustand charakterisierenden Devise „Homo homini lupus" (lat. „Der Mensch dem Menschen ein Wolf") darauf hinweisen wollte, dass es in der außermenschlichen Natur ebenfalls alles andere als friedlich zugeht und die Maxime „Fressen und Gefressen-Werden" fast so etwas wie ein Grundgesetz der Natur darstellt. In seinen Erinnerungen notiert der aus der Stauferstadt Schwäbisch Gmünd stammende, um 1900 nach Abessinien ausgewanderte und dort ein abenteuerliches Leben in der Wildnis lebende Deutsch-Äthiopier Hermann Goetz (1878-1970) in den 60er-Jahren des 20. Jahrhunderts: „Es wird jetzt so viel von Frieden geredet, aber es gibt in der Natur keinen Frieden. Wie soll es auch einen solchen geben in einer Welt, in der eins das andere auffressen muss oder verdrängen…um leben zu können?"*

VI. Der Friede in und mit der Natur

Sollte der sog. Friede mit der Natur also lediglich eine romantisierende Chiffre sein, deren Gebrauch zumindest für Nicht-Naturwissenschaftler die Folge des Unwillens ist, genauer hinzuschauen, was „draußen in der Natur" (wie es so schön heißt) abläuft?

Wer (nur) so denkt, übersieht freilich, dass Naturprozesse sich in aller Regel selbst regulieren. Mit anderen Worten: Die Natur findet ihr Gleichgewicht und damit das, was wir in menschlichen Kategorien als „Friede" zu bezeichnen pflegen, über kurz oder lang wieder selbst, wie „friedlos" es auch vorübergehend im Reich der Pflanzen und Tiere samt deren Kampf ums Überleben zugegangen sein mag.[1]

Warum also fällt es dem Menschen, der doch auch ein Teil der Natur ist, so schwer, diesen Zustand der Ausgewogenheit im Umgang mit seiner menschlichen und außermenschlichen Um- und Mitwelt herzustellen, obwohl er doch dank seiner überlegenen kognitiven Fähigkeiten eigentlich optimale Voraussetzungen dafür hätte, die von ihm verursachten Störungen des natürlichen Gleichgewichts vorherzusehen und rechtzeitig zu korrigieren?

Zumindest ein bedeutsamer Teil der Antwort auf diese Frage liegt auf der Hand: Im Gegensatz zu seinen außermenschlichen Mitgeschöpfen vermag der Homo Sapiens „einen Luginsland zu bauen, um ins Unendliche zu schauen", wie es in Goethes „Faust" heißt. Er allein unter allen Lebewesen auf dieser Erde ist befähigt, mit seinem Begehren und Vermögen weit über seine existenzi-

---

[1] Vgl. Adami Tullu. Die Erinnerungen des Deutsch-Äthiopiers Hermann Goetz (1878-1970), hrsg. v. P. C. Mayer-Tasch und Marina Mayer-Tasch, Wiesbaden 2023.

ellen Bedürfnisse hinauszugehen und dabei den Unendlichkeitsreihen der mathematischen Zahlenmagie zu folgen. Die fatale Folge dieser im Wortsinne „einzigartigen" Fähigkeit ist der sich bei vielen Menschen im unaufhörlichen Mehr-Haben und Mehr-Sein-Wollen vielgestaltig manifestierende „Hunger nach Macht und abermals Macht, der erst im Tode endet", wie es im Hobbes'schen Leviathan aus dem Jahre 1651 heißt. Um diesen Hunger zu befriedigen, bedarf es nicht nur eines ständigen Wettbewerbs mit anderen Menschen um einen Platz an der Sonne, sondern eben auch eines ständigen Zugriffs auf die hierzu für erforderlich oder doch dienlich erachteten natürlichen Ressourcen. Ein im Laufe der menschlichen Natur- und Sozialgeschichte mit ständig gewachsener Beschleunigung abgelaufener Prozess dies, an dessen vorläufigem Endpunkt die heutige Umwelt- und Klimakrise steht.

Dass angesichts der ebenso absehbaren wie fatalen Folgen dieser Entwicklung inzwischen ein zumindest mentales Innehalten erfolgt, verdankt der Mensch seinen kognitiven Fähigkeiten, die ihn erkennen lassen, dass die ihn bisher mehr oder minder geduldig (er)tragende und nährende außermenschliche Natur sich zumindest dann als die ihm trotz all seiner trickreich erdachten Herrschaftsstrategien weit überlegen ist, wenn sie mit elementarer Kraft aus den gewohnten Bahnen bricht und in Vulkanausbrüchen, Erdbeben, Sturmfluten, Gewitterstürmen, Mensch. Tier und Pflanzen erschütternde Seuchen – oder nun eben in Klimaveränderunge auf ihr Erstgeburtsrecht pocht. Ob diese kognitiven Fähigkeiten jedoch ausreichen werden, die triebhafte Expansivität der

VI. Der Friede in und mit der Natur

Menschheit in einem ihr Überleben sichernden Maße einzuhegen, muss letztlich offenbleiben, ist aber eher zweifelhaft, zumal eine implosive Transformation der menschlichen Expansivität ins Mentale höchstens von einer zahlenmäßig äußerst begrenzten Geisteselite erwartet werden kann.

Wie also steht es mit der Aussicht auf den viel beschworenen „Frieden" mit der Natur? Ist sie realistisch?

Ansätze zu einer deutlichen Abflachung des „ökologischen Fußabdrucks" gibt es zweifellos. Sollten sie unter dem Druck sich gravierend verschärfender Umweltkrisen immer breitere Kreise ziehen, so würde dies – so viel dürfte unbezweifelbar sein – auch eine markante Veränderung des Lebensstils bedeuten. Auch die heute noch reichen Industriegesellschaften der westlichen Welt könnten dann schon bald nicht mehr aus dem Vollen schöpfen, müssten sich vielmehr zu einem sehr viel bescheideneren *way of life* bequemen. Als – je nach Sichtweise – Kollateralschaden oder Kollateralnutzen einer solchen Entwicklung dürfte sich dabei der Zwang zum Ausgleich der hieraus entwachsenden wirtschaftlichen Belastungen ergeben. Der soziale Druck auf die Machteliten, diesen sozialen Ausgleich auch gegenüber der Oberschicht durchzusetzen würde entsprechend wachsen.

Mit anderen Worten: Gesellschaften, die sich ernsthaft entschlossen auf den umweltpolitischen Friedenspfad begeben, werden ständigen sozialen Unfrieden riskieren, wenn es ihnen nicht gelingt, die hieraus entstehenden wirtschaftlichen Belastungen auf überzeugende Weise zu verteilen. Wie in allen politischen Problembereichen wird es auch hier in hohem Maße von der staatsmännischen Weisheit und dem diplomatischen Geschick der Regierenden abhängen, ob der innerstaatliche – aber letztendlich auch der zwischenstaatliche – Ausgleich bei gleichzeitig signifikanten Fortschritten auf dem ökologischen Friedenspfad gelingt. Scheitert dieser Ausgleich im globalen Maßstab (eine Zukunftsvariante, die alles andere als wirklichkeitsfremd wäre), so wird auch der heiß ersehnte Friede mit der Natur nicht zustande kommen, weil die einzelnen Gesellschaften dann auch außerstande sein werden, auf dem (vielleicht bereits eingeschlagenen) ökologischen Friedenspfad fortzuschreiten. Stattdessen wäre dann zu befürchten, dass sie in ihren „vorökologischen" Trott zurückfallen und ihn solange weiterverfolgen, wie ihnen dies dann existentiell möglich ist. Science-Fiction-Filme, wie derartige Zukünfte dann aussehen könnten, illustrieren diese Variante zur Genüge.

So deprimierend es auch sein mag, solche immerhin denkbaren Entwicklungen zu Ende zu denken, so unumgänglich ist dies, wenn man sich ernsthaft mit dieser Thematik befassen will. Aus philosophischer Vogelperspektive würde ein Scheitern der heute noch möglich erscheinenden *magna conversio* des Homo Sapiens aller Voraussicht nach seinen zivilisatorischen Rückfall in archaische Befindlichkeiten und schlussendlich vielleicht auch sein Verschwinden von dem Planeten bedeuten, der ihn über so lange Zeiträume getragen und genährt hat. Damit wäre dann der vom Menschen zeitweise gestörte Friede *in* der Natur auf dieselbe Weise wiederhergestellt, wie er von *Deus sive natura* (Spinoza) im Mit-, Für- und Gegeneinander aller natürlichen Schöpfungen über kurz oder lang stets (wieder) hergestellt wird.

Lässt man das in diesem Kapitel Gesagte nochmals Revue passieren, so wird man abschließend feststellen können, dass Vieles, was heute (und hoffentlich in verstärktem Maße in der Zukunft) mit dem Anspruch der Bemühung um einen Frieden mit der Natur geplant und unternommen wird, zwar im Interesse eines (längeren) Wohlergehens und Überlebens der Menschheit und großer Teile seiner natürlichen Um- und Mitwelt erforderlich sein mag, dass aber schon die Friedens-Chiffre selbst eine Anmaßung darstellt, weil sie dem Menschen eine Bedeutung zuspricht, die ihm letztlich nicht zusteht. Auch der Mensch ist nur ein – seine Bedeutung offenbar weit überschätzender – Teil der Natur. Zwar ist er in der Lage, in die Rhythmen auch der außermenschlichen Natur störend einzugreifen, kann aber von ihr auch wieder machtvoll zur Ordnung gerufen oder abgestraft werden, wann und wo immer er nicht bereit oder in der Lage ist, sein störendes Verhalten aufzugeben und Wiedergutmachung zu leisten. Werden alle Ordnungsrufe überhört, ist schließlich auch der Einsatz des der Natur zur Verfügung stehenden ultimativen Mittels zur Wiederherstellung des Friedens *in* der Natur denkbar: die Selbstbefreiung nämlich von dem hartnäckigen Störenfried. Der Auftritt des Menschen zumindest auf diesem Planeten wäre dann im großen Buch der Naturgeschichte nicht mehr als ein – immerhin bemerkenswertes – Kapitel, aber auch nicht mehr.

VII. Requiescat in pace oder: Der Gottesfriede

„Er (oder sie) möge ruhen in Frieden!" lautet seit alters her die klassische Abschieds- und Segensformel in christlichen Trauerbotschaften, Trauergottesdiensten oder auch am Grab. Zum Ausdruck gebracht werden soll damit wohl ein Doppeltes – die (eigentlich selbstverständliche) Feststellung nämlich zum einen, dass die irdische Zeit mannigfacher Friedlosigkeiten, das „Jammertal" der christlichen Rhapsodik, nun hinter dem Verstorbenen liegt, und die Hoffnung zum anderen, dass die Zukunft seiner nunmehr von allem diesseitigen Ballast befreiten Seele eine friedvolle sein möge.

Als selbstverständlich betrachteten die Menschen diesen jenseitigen Frieden nie. Zumindest all' Jene, die an ein irgendwie geartetes Fortleben des innersten Wesenskerns des Menschen – der sogenannten Seele – glaubten, waren zumeist auch davon überzeugt, dass in dem von einem oder mehreren höheren Wesenheiten – von Göttern also oder einem allmächtigen Gott – beherrschten Jenseits die Gewährung eines lichten „Gottesfriedens" vom „gottgefälligen" Lebenswandel der Verstorbenen während ihrer irdischen Existenz abhängig sei. Was als gottgefällig zu betrachten sei aber, konnte entweder den auf unterschiedliche Weise „geoffenbarten" heiligen Büchern der Menschheit entnommen werden – den altindischen Veden etwa, der altpersischen Avesta des Zarathustra, dem Alten und dem Neuen Testament, dem Koran oder auch der dem Logos geschuldeten „goldenen Regel" der Stoa.

Schon ab dem 2. vorchristlichen Jahrtausend wurde in der Vorstellungswelt des Alten Ägypten die Reinheit der Seelen der im Totenreich Angekommenen auf einer Seelenwage gewogen und dann – je nach moralischem Gewicht – im Totengericht den verschiedenen Regionen der Unterwelt zugewiesen. Wer während seiner irdischen Existenz die rechte Ordnung der Welt, die Maat, be- und geachtet hatte, konnte sich Hoffnung machen auf einen Aufenthaltsort im Lichtreich des von Seth ermordeten, danach aber glanzvoll wieder erstandenem Osiris. Wer jedoch die Maat missachtet hatte, war dem Abgrund und Untier der Tiefe verfallen – eine unverkennbare Inspirationsquelle wohl für die späteren christlichen Jenseitsvorstellungen. Und dies schon lange bevor der Pharao Amenophis IV. sich zum Sohn des Sonnengottes Aton erklärte und auch insoweit dem Christentum in seiner dogmatischen Entwicklungsphase zusätzliche Impulse gab. Der ägyptischen Spur folgend erwartet auch den gläubigen Christen am „Jüngsten Tag" das große Seelengericht und damit entweder der Einzug in die himmlischen Gefilde der Gottesnähe oder die ewige Verdammnis im Höllenreich des gefallenen Engels und großen Verwirrers (Diabolus), wo auf die im Gericht Verworfenen nur mehr „Heulen und Zähneklappern" wartet. Eine Vorstellung dies, die von manchen mittelalterlichen Künstlern mit schauriger Inbrunst ins Bild gesetzt wurde

VII. Requiescat in pace oder: Der Gottesfriede

– von Hieronymus Bosch etwa oder auch von den Urhebern der Wandfresken in Bolognas Dom San Petronio und in der Felsenkirche im wallisischen Raron, der letzten Ruhestätte des Dichters Rainer Maria Rilke.

Die christliche Hoffnung auf jenseitigen Frieden bezog und bezieht sich mithin nicht zuletzt auf die Vermeidung des Absturzes in die ewige Friedlosigkeit der höllischen Verdammnis, aber möglichst auch auf den Einzug ins himmlische Reich eines ewigen Friedens. Um die Alternative nicht allzu hart erscheinen zu lassen, entwickelte die westliche Kirchenlehre seit dem 5./6. Jahrhundert die Vorstellung eines reinigenden Fegefeuers, was den nicht mit einer – das „ewige Leben" endgültig verwirkenden – „Todsünde" belasteten Seelen während einer schmerzlichen Läuterungsphase eine letzte Chance bot, doch noch die „Seligkeit" zu erlangen. Wo diese traditionellen Vorstellungen seit der Reformation und der Aufklärungsphase des 18. Jahrhunderts entweder ganz aufgegeben oder (wie u.a. bei dem katholischen Theologen Romano Guardini) gänzlich umgedeutet wurden, konnte die Hoffnung auf den Einzug in ein himmlisches Reich des Friedens für die um einen redlichen Lebenswandel bemühten Christgläubigen (fast) zur Selbstverständlichkeit werden, während den Nicht-Gläubigen ihre jenseitige Zukunft ohnedies als ein – freilich ganz anders geartetes – Friedensreich des großen Vergessens erscheinen mochte.

Den Todes- und Jenseitsvorstellungen des Christentums sehr nahe stehen diejenigen der (zeitlich gesehen) dritten abrahamitischen Religion – des Islam. Auch der Islam kennt eine Seelenprüfung und die – deren irdischer

Wandel, aber auch der Gnade Allahs geschuldete – Verweisung der Seelen auf den Weg zu den „wundervollen Gärten" des Paradieses oder aber ins Reich der Finsternis.

Zurückhaltender und variationsreicher gibt sich insoweit die dem Christentum und dem Islam zeitlich vorangehende, jedoch ihrerseits von den altägyptischen Jenseitsvorstellungen inspirierte jüdische Religion. Während im Alten Testament (Daniel 12,2) von der Chance auf „ewiges Leben" und der Drohung mit „ewigem Abscheu" die Rede ist, kennt eine Variante des jüdischen Totengebetes, die sog. Kaddisch, die Vorstellung von einer leiblichen Auferstehung von den Toten, was wohl auch pharisäischen Vorstellungen entsprach, während die jüdische Sekte der Essener, deren Gedankengut wohl auch Jesus von Nazareth nahestand, nur von einem Fortleben der Seele ausging.

Ob nun ausgesprochen oder unausgesprochen – Grund zur Hoffnung auf einen wie auch immer zu verstehenden jenseitigen Frieden haben letztendlich auch die Anhänger des ihnen auf dem Weg zur Erleuchtung vorangegangenen, zum „Buddha" gewordenen indischen Prinzen Gotama. Auch nach den Vorstellungen des nach ihm benannten „Buddhismus" richtet sich das weitere Schicksal der vom Körper befreiten Seele nach der Wertigkeit des von ihr auf Erden erworbenen Gnadengutes, des *Karma*. Auf ihrem Reinigungsweg erfährt die Seele so lange Wiederverkörperungen bis sie geläutert ins *Nirwana* eingehen kann. Das Nirwana als das bloße „Nichts" zu deuten, entspricht eher christlicher Abwehr-Rhetorik als dem tieferen Sinn dieser Vorstellung. Näher

VII. Requiescat in pace oder: Der Gottesfriede

kommt man ihr wohl dann, wenn man den Einzug ins Nirwana (und damit die Entflechtung von „Rad der Gier, auf das wir geflochten") als die Verschmelzung der Einzelseele mit dem All-Einen versteht. Eine Vollendungsvorstellung dies, deren Wertigkeit wohl letztlich mit der christlichen Hoffnungsperspektive eines Einzugs ins himmlische „Reich des Vaters" verglichen werden kann, so unterschiedlich die Zugangswege auch trassiert sein mögen.

Dass die Vorstellung vom großen, endgültigen und immerwährenden Seelenfrieden seit eh und je in die göttlichen Sphären des Jenseits verlagert werden musste, entsprang der Alltags-Erfahrung einer offenbar unvermeidlichen Friedlosigkeit im Hier und Jetzt – einer Friedlosigkeit, die sich im kleinsten Mit-, Neben- und Gegeneinander entzünden und bis hin zu einem großen Weltenbrand steigern kann. Zum Ausdruck kommt die resignative Einsicht in die Unvermeidlichkeit dieses Geschehens in dem volkstümlichen Spruch: „Es kann der Frömmste nicht in Frieden leben, wenn es dem bösen Nachbarn nicht gefällt". Was aber macht den „bösen Nachbarn" zum „bösen Nachbarn"? Ist es die schon in der Vorsokratik beklagte *pleonexia* des Menschen, das ewige Mehrhaben-Wollen, der Hobbes'sche „Hunger nach Macht und abermals Macht, der erst im Tode endet"? Die Erfahrung spricht für die zumindest tendenzielle Richtigkeit dieser Perspektive, so wenig auch die von Pico della Mirandola in seinem Werk „Über die Würde des Menschen" von 1485 hervorgehobene Ambivalenz der menschlichen Natur übersehen werden darf. Wie die Erfahrung lehrt, gibt es nicht nur eine Macht- und Nachtseite, sondern auch eine Lichtseite der menschlichen Natur. Soviel aber ist unabweisbar: Da die christliche Gottesvorstellung im Gegensatz zu den anthropomorphen der griechischen Antike stets im Strahlenkranz der Vollkommenheit standen, hatte die mittelalterliche Idee einer Gottähnlichkeit („Similitudo Dei") des Menschen einen offenkundigen Geburtsfehler – einen Geburtsfehler, für den bislang noch keine kollektive Heilung gefunden werden konnte. Um eine solche wenigstens als Hoffnungsgröße am Leben zu erhalten, musste sie – wenn auch nur mit individueller Differenzierung – in die Transzendenz überführt werden. Der nicht zuletzt als Rückkehr in die Unschuld des Paradieses deutbare „Gottesfriede" dieses Hoffnungshorizontes blieb und bleibt denn auch die letzte Zuflucht aus den mannigfachen Friedlosigkeiten der irdischen Existenz. Dass seine Verheißung jeden Lebenszyklus rundet, mag als Trost gelten für die unverkennbare Unerfüllbarkeit der weihnachtlichen Engelsbotschaft „Und Friede den Menschen auf Erden!"

Epilog

Wirklich greifbar wird Friede nur als mythisches Jenseits. Wo seine Vergangenheit im Mythos wurzelt – dem biblischen Mythos vom Frieden hinter den Mauern des Paradieses – kann auch seine Zukunft nur auf derselben Bewusstseinsebene überleben, im Mythos vom himmlischen Frieden.

Im erfahrungsgesättigten Interregnum potenzieller Friedlosigkeit, dem „Jammertal" der christlichen Rhapsodik, das sich zwischen dem paradiesischen und dem himmlischen Frieden erstreckt, bleibt der Menschheit wenn nicht als Trost, so doch als kreative Herausforderung eine grundlegende Erkenntnis des vorsokratischen Naturphilosophen Heraklit von Ephesus (um 500 v. Chr.). Der Kampf, so Heraklit, sei „der Vater aller Dinge". Sofern man diese Erkenntnis nicht lediglich als Transfiguration des dialektischen Prinzips interpretieren will, markiert sie die Grunderfahrung, den Ausgangspunkt und den Hintergrund aller menschlichen Lebens- und Überlebensstrategien. Als leuchtendes, häufig aber auch nur irrlichterndes Hoffnungsbild bleibt die Idee des Friedens als un(ter)bewusste Erinnerung an ihre mythische Vergangenheit und als bewusster Vorgriff auf ihre mythische Zukunft lebendig.

Dafür allerdings, dass diese Idee schwerlich mehr sein kann als dies, zeugt der Blick auf die – weitgehend durch die Naturgesetze diktierten – Verhaltensweisen der Menschen in ihrem Mit- und Gegeneinander sowie auch in ihrem Verhältnis zu ihrer natürlichen Mit- und Umwelt – der Anblick dessen also, was wir als die Realität allzeit und allüberall lauernder Friedlosigkeit wahrnehmen und als solche der Idealität des Friedens entgegenzusetzen pflegen. Ein Zwiespalt dies, aus dessen beklemmender Abgründigkeit wir uns bei seelischem Bedarf in die jenseits jeglicher Naturgesetzlichkeit befindliche Geborgenheit des Mythos flüchten können, soweit und solange es uns trotz aller Bemühungen nicht oder nur ansatzweise gelingt, das Interregnum potenzieller Friedlosigkeit erträglich zu gestalten – eine Aufgabe, in deren Bewältigung sich ein Großteil des menschlichen Lebens erschöpft. Sie durch die Erneuerung der einst weit verbreiteten Grußformel „Friede sei mit Dir" (Schalom, Salam aleikum und Salve) zu erleichtern, wäre gerade in unserer Zeit gesteigerter Friedlosigkeit ein nobles Fanal unüberwindlicher Hoffnungsbereitschaft.

B. Mediation – der Königsweg zum Frieden

Es gibt Worte und Begriffe, die währen. Es gibt aber auch Worte und Begriffe, die kometenhaft aufsteigen, um dann unversehens wieder zu verglühen. Zu welcher dieser Kategorien der Begriff der Mediation gehört, wird die Zukunft erweisen. Unverkennbar ist jedenfalls, dass er seit geraumer Zeit eine glanzvolle Karriere erfährt und aller Voraussicht nach auch weiterhin erfahren wird.

I. Mediation als soziopolitisches Phänomen

Noch vor nicht allzu langer Zeit wurde der Begriff hierzulande nur in einem sehr eingeschränkten Sinne gebraucht. Während Meyers Lexikon noch in der Ausgabe von 1975 den Begriff überhaupt nicht kennt, nennt ihn die Brockhaus Enzyklopädie sowohl in der Ausgabe von 1971 als auch in der Ausgabe von 1991 nur in seiner international-politischen Dimension. Dasselbe gilt auch für die Collier´s Encyclopedia von 1969. Die Encyclopaedia Britannica von 1979 allerdings formuliert allgemeiner, sie versteht unter Mediation „a practise under which, in a conflict, the services of a third party are utilized to reduce the differences or to seek a solution", konzentriert sich dann aber ebenfalls auf die international-politische Dimension. Und in der Tat hat die Vermittlung von Drittstaaten im Konfliktfall in der Staatenpraxis eine bis ins frühe 19. Jahrhundert zurückreichende Tradition. Nach ersten Ansätzen in den Haager Konventionen von 1899 und 1907 und in der Völkerbundsatzung wird in Art. 33 der UNO-Satzung von 1945 Mediation dann ausdrücklich als eine Methode der Konfliktlösung angesprochen.

Was dies zu bedeuten hat, konnten wir in den vergangenen Jahren und Monaten, konnten wir vor Beginn des Ukraine-Krieges, können wir aber gerade auch heute wieder täglich auf den Titelseiten unserer Zeitungen, im Rundfunk oder auf dem Bildschirm erfahren. In der Ukraine, auf dem Balkan, im Nahen Osten und beinahe überall, wo es „brennt", wird von internationalen Organisationen und den einflussreichsten Groß- und Mittelmächten „Mediation" betrieben, wird versucht, zwischen den Konfliktparteien zu vermitteln. Den vielleicht glanzvollsten Mediationserfolg der Nachkriegszeit stellt der von den USA vermittelte Friede von Camp David zwischen Ägypten und Israel dar, von dem man im Übrigen nur hoffen kann, dass er nicht in die Strudel des offenkundigen Scheiterns aller bisherigen Mediationsversuche im – seit dem 7. Oktober 2023 wieder virulent gewordenen - Dauerkonflikt zwischen Israel und Palästina geraten wird.

Als Merkwürdigkeit am Rande dieser Entwicklung zu verzeichnen ist, dass der Begriff selbst im Deutschen gerade in *diesem* vitalen außenpolitischen Zusammenhang vor der neuerlichen Nahost-Krise längere Zeit kaum mehr gebraucht wurde. Umso häufiger bekam man ihn hierzulande mit innenpolitischen – genauer: raumordnungs-, planungs- und umweltpolitischen – Bezügen zu hören. Als umweltpolitischer Begriff hat Mediation in Deutschland seit Mitte der 80er Jahre, in den USA sogar schon ab Anfang der 70er Jahre, Konjunktur. Auch insoweit bezeichnet er ein Schlichtungsverfahren für umweltgefährdende Großvorhaben, bei dem ein (zuweilen auch mehrere) unparteiische(r) „Mediator(en)" die Konfliktparteien – die Antragsteller einerseits, Bürgerinitiativen und Umweltverbände andererseits – im steten Blick auf die Anliegen der Genehmigungsbehörden auf einen

I. Mediation als soziopolitisches Phänomen

gemeinsamen Nenner zu bringen versuchten. Inzwischen sind es bereits zahlreiche große Mediationsverfahren, die in Deutschland mehr oder minder erfolgreich abgeschlossen wurden. In ähnlicher Weise sind solche Verfahren auch im Zusammenhang mit Tarifkonflikten üblich; in den USA wird Mediation im Arbeitskampf gar seit 100 Jahren praktiziert. Dass sich besonders unbeugsame Tarifparteien solchen Mediationsverfahren verweigern, ist eher die Ausnahme als die Regel. Beim Tarifstreit 2023/4 zwischen Lokomotivführer-Gewerkschaft und Deutscher Bahn war aber auch eine solche, zu Lasten der ganzen Gesellschaft eingetretene Situation zu erleben.

Der Ablauf und die Strukturlogik solcher Mediationsverfahren sollen hier nicht im Einzelnen erörtert werden. Im Blick auf die Themenstellung sinnvoll indessen erscheint es, im Besonderen das Allgemeine zu erschließen.

In dem sozialen Bereich etwa, innerhalb dessen wir wohl am stärksten auf ständige Mediation angewiesen sind – im Bereich von Freundschaft, Partnerschaft, Ehe und Familie – gilt dies in besonderem Maße. Nirgendwo berühren sich die Lebenskreise der Menschen so intensiv, nirgendwo überschneiden sie sich so unverwischbar, nirgendwo werden die konstitutionellen, rationalen und emotionalen Grenzen dieser Lebenskreise so beharrlich herausgefordert wie in diesem gesellschaftlichen Intimbereich. Nirgendwo werden so viele Anpassungsmanöver und Kontaktmetamorphosen erwartet wie hier, nirgendwo kann und muss daher auch so viel Mediation betrieben werden. In mehr- oder vielköpfigen Familien mag ein Jeder für einen Jeden zum Mediator werden.

Keineswegs nur, aber vor allem, in Klein- und Kleinstfamilien muss häufig genug auch Hilfe von außen in Anspruch genommen werden. Und so kann es denn auch kaum verwundern, dass die leichte Kavallerie der professionellen Mediatoren – der Psychotherapeuten, Familienaufsteller, Feng-Shui-Berater, Sozialpädagogen, Kinesiologen, Astrologen und (wenn alle Stricke reißen) Scheidungsanwälte und Sozialämter – sich unaufhaltsam zwischen die schütteren Reihen der sich mehr und mehr auflösenden Familienverbünde drängt. Dies im Übrigen umso ungehinderter als die neurotisierenden Implikationen unserer – mit der allgegenwärtigen Globalisierung wohl in ihre letzte Expansions- und damit vielleicht auch schon Dekadenzphase eingetretenen – Spätkultur und ihren (von Nietzsche so klarsichtig vorhergesehenen) „letzten Menschen" diesen Vormarsch mit Rückenwind belohnt.

Die mehr oder minder luziden und mehr oder minder integren Berufsmediatoren der zuletzt erwähnten Art haben in unserer weitgehend säkularisierten Gesellschaft den herkömmlichen Berufsmediatoren – den Propheten und den Priestern also – den Rang abgelaufen. Dass sie diese Mediatorenrolle so lange wahrnehmen konnten und für einen – wenn auch ständig geringer werdenden – Teil der Bevölkerung heute noch wahrnehmen, erwuchs aus der ihnen von den Stammes- und Volksgemeinschaften überlassenen Aufgabe, zwischen Himmel und Erde (und damit auch im Blick nach oben zwischen den Menschen) zu vermitteln. Die Spur der – im Lichte von Zukunftsschau und Gegenwartsdeutung Himmel und Erde versöhnenden – großen Propheten verliert sich im Halbdunkel der Frühzeit. Ihre Nachhut war stets (zumal seit dem triumphalen, erst seit kurzem ins Stocken geratenen Siegeszug der Aufklärung) von Zweifeln umlagert. Völlig verdrängt werden konnte das – sich bis ins Alltägliche und Individuelle ausgliedernde – Element des Prophetischen aber bis heute nicht. Selbst der Sturz der Zwillingstürme von Manhattan war im präkognitiven Visier. Schon der amerikanische Seher und Heiler Edgar Cayce sah sie wanken. Nicht nur, aber auch nicht zuletzt das Christentum hat mit epochalem Erfolg versucht, das Prophetische und das Mediale auf sich zu konzentrieren. In zahllosen Texten und Liedern wird Jesus von Nazareth als der „Mittler" schlechthin angesprochen. Als *mentrix et mediatrix* wurde – zumindest in der athanasischen, d.h. also orthodoxen und katholischen, Version des Christentums – auch die Mutter Jesu gern gesehen und bezeichnet. Als *mediatores* (wenn auch geringeren Ranges) verstanden sich auch die Hohepriester und Priester dieser Religion, gestützt auf Passagen des Neuen Testaments, deren Authentizität nicht unbestritten ist. Noch eine Enzyklika Pius XII aus dem Jahre 1947 trägt den Titel „Mediator Dei" als Variante der traditionellen Titel „Pontifex", des Brückenbauers ins Himmelreich. Häufig waren und sind sie dies dann auch, in Politik, Gesellschaft und Familie er- und vermittelnd. Zuweilen sogar auf bewundernswert einfühlsame und ausgleichende Weise. Häufig genug freilich auch auf eine dogmatisch verknöcherte und institutionell verkrustete Schein-Mitte hinweisend und dann ihr mediatives Optimationsziel verfehlend. Dass dies den Priestern aller Kulturen und Zeiten – und nicht nur den islamischen Anachronisten vom Dienst – kritisch ins Stammbuch geschrieben werden muss, hat viel zum Achtungsverlust dieser traditionellen Mittler beigetragen, zumal der – später aufklärerisch vertiefte und verstärkte – Ausruf Thomas Müntzers „Was Bibel, Bubel, Babel: Man muss in einen Winkel kriechen und mit Gott reden!" einerseits eine drastische Verminderung des Mediationsbedarfs zwischen Himmel und Erde nahegelegt und andererseits zu einer breiten Auffächerung des Angebots an unkonventionellen Mediationsformen und Mediatoren geführt hat.

Wenn Mediation in mancherlei sozialen und politischen Bezügen heute fast ein Modewort geworden ist, wenn sich an Universitäten (wie etwa der Carl v.Ossietzky-Universität Oldenburg unter dem Namen „Mediator") Zentren für Konfliktmanagement gebildet haben oder sich (wie an der Fernuniversität Hagen) Weiterbildungsstudiengänge für Mediation etablierten, so deshalb, weil hierfür ein Bedarf besteht. Im Bereich der Internationalen Politik ist der Bedarf so offenkundig, dass es ob all der verbohrten Friedlosigkeiten zuweilen schwerfallen mag, nicht nach der Devise „Let them bleed" resignierend abzuwarten und wegzuschauen. Im Bereich der Verkehrs-, Energie- und Umweltpolitik hat die unzureichende Abstimmung der – häufig genug die Interessen der Wirtschaft einseitig begünstigenden oder gar übernehmenden – obrigkeitlichen Planungsvorhaben mit den Bedürfnissen und Überzeugungen großer Teile der Bevölkerung gegen Ende der 70er und im Verlauf der 80er Jahre in manchen Ländern zu einer bürgerkriegsähnliche Formen annehmenden gesellschaftlichen Opposition geführt. Die Bürgerinitiativbewegung und die Bildung der grünen Parteien, aber auch Nachbesserungen bei den rechtlichen Verfahren der Bürgerbeteiligung waren die unmittelbare Konsequenz dieser Entwicklung. Nicht zuletzt die Erfahrungen dieser Jahre eines zumindest partiellen zivilisatorischen Paradigmenwechsels waren es, aus denen heraus die Mediationsverfahren erwuchsen, die heute immer weitere Kreise ziehen und daher auch sprachleitend geworden sind. Ihre praktischen Vorteile liegen auf der Hand: Die Justiz wird entlastet, die Kosten werden gesenkt, die Gefahr tumultuöser Konfrontationen wird im Geiste tendenzieller Kooperation gebannt, die wechselseitige Frustration der Konfliktparteien wird psychologisch aufgefangen, der Bürger hat die Chance, durch selbstverantwortliche Mitwirkung nicht zum Objekt obrigkeitlicher Entscheidungen zu werden. Als unparteiischer Konfliktmanager repräsentiert der Mediator die Mitte. Ihm obliegt es, den Geist der Mitte in das Verfahren einzubringen und durch alle Verfahrensphasen hindurch als Katalysator am Leben zu erhalten.

Wo die – nicht zuletzt im Zeichen allseitiger Sozialverträglichkeit zu sehende – Mitte gefunden werden soll, gilt es zunächst, die Ausgangspositionen der Konfliktparteien klar zu definieren. Die rationalen Argumentationsziele und die emotionalen Schmerzgrenzen müssen ausgelotet und gegeneinander ab- und aufgewogen, ein gemeinsamer Nenner ‚er-mittelt' werden. Wo die – je und je gefundene – „Mitte" dann tatsächlich liegt, gehört zu den Mysterien jedes Mediationsverfahrens. Eine sozusagen geometrische Mitte kann in solchen Verfahren ebenso wenig gefunden werden wie im Zuge von Gerichtsverfahren. Auch für sie gilt daher sinngemäß das Wort des langjährigen amerikanischen Supreme-Court-Präsidenten Oliver Wendel Holmes: „The prophecies of what the courts will do in fact is what I call law". Der Geist weht nun einmal wo und wie er will ...

Mediation in der Gesellschaft wird aber nicht nur dort betrieben, wo Vermittlungsverfahren offiziell diesen Namen tragen. Die Übergänge zwischen formeller und informeller Mediation sind fließend. Mediative Prozesse sind nicht nur im Familien- und Privatleben und in den Beziehungen der Menschen zu einer (wie auch immer vorgestellten) Transzendenz auszumachen, sondern auch im allgemeinen Rechtsleben, in der Welt der Wirtschaft, im Bereich der Massenkommunikation, auf dem Bildungs- und Erziehungssektor und im Gesundheitswesen.

II. Mediation im Rechts-, Wirtschafts- und Gesundheitswesen

Im Rechtsleben ist es nicht zuletzt der Richter, der – oft aus Überzeugung, vielfach allerdings auch aus Bequemlichkeit – Mediation betreibt und einen Vergleich der Konfliktparteien anstrebt. Dass Rechtsanwälte stets nur nach dem Blute ihrer Sold-Gegner lechzen und im Übrigen nur gierig nach der Gebührenordnung schielen, ist ein böses Vorurteil. Nicht selten verstehen sie sich auch schon im Vorfeld gerichtlicher Auseinandersetzungen als „ehrliche Makler" (um an Bismarcks Konferenz-Rhetorik zu erinnern) und werden so tatsächlich zu jenen „Organ(en) der Rechtspflege" als die sie § 1 der Bundesrechtsanwaltsordnung hoffnungsvoll und beschwörend apostrophiert.

Im Wirtschaftsleben gibt es nicht nur Tarifkonflikte und sonstige Arbeitskämpfe, die durch mediative Verfahren beigelegt werden können. Auch gemeinsame Anstrengungen von Arbeitgebern und Arbeitnehmern zur Behebung der Arbeitslosigkeit mögen durch gezielte wechselseitige Annäherungsbemühungen zu einer Mitte finden, aus der dann ein „Bündnis für Arbeit" oder dergleichen erwachsen kann. Zu denken ist aber auch an jene ebenso schlichten wie bedeutsamen Formen der Mediation im Wirtschaftsleben, bei der Industrie und

Handel nicht einfach das gefragte und das absetzbare, sondern vielmehr das brauch- und das haltbare, das umwelt- und das lebensgerechte Produkt fördern, indem sie den Verbraucher durch Aufklärungs- und Überzeugungsarbeit, aber nicht zuletzt auch durch eine akzeptanzfördernde Preisgestaltung, an dieses Produkt heranführen. In gewissem Sinne hat der insoweit mediationsbereite Hersteller und Händler zwischen seinen eigenen wohlverstandenen Interessen und den wohlverstandenen Interessen seiner Kunden zu vermitteln. Dass wir den derart mediationsbereiten Gewerbetreibenden nicht gerade als die soziale Regel betrachten können, ist allerdings unabweisbar.

Dass das Informations- und Kommunikationssystem sich selbst als „medial" – d.h. also „vermittelnd" – versteht und auch gemeinhin so verstanden wird, indiziert schon die für Presse, Funk und Fernsehen gebräuchlich gewordene Bezeichnung. Die sogenannten Medien liefern zwar in erster Linie Unterhaltung und Nachrichten der unterschiedlichsten Art, bemühen sich aber doch auch in vielfältiger Weise, auf dem gesellschaftlichen Meinungs- und Überzeugungsmarkt zu vermitteln. Geleistet wird dies durch Dokumentationen, Interviews, kritische Nachfragen, Gesprächsrunden und Kommentare. Inwieweit es ihnen gelingt, die – normativ zu verstehende – Verortung und Auflösung einer sozialen Zweifels- oder Streitfrage in der wohlverstandenen Mitte zu fördern, hängt von mannigfachen äußeren Umständen, nicht zuletzt aber auch von der Gewandtheit und der geistig-seelischen Lebenshöhe der aus der Medienlandschaft erwachsenden informellen Gelegenheits-Mediatoren ab. Dass diese in erheblichem Maße variiert, ist uns nur allzu geläufig.

Ähnliches wie für das allgemeine Informations- und Kommunikationssystem gilt auch für das besondere, innerhalb dessen unsere Kinder und Jugendlichen herangezogen und ausgebildet werden. Von Lehrenden aller Alters- und Bildungsstufen, vom Kindergarten bis zur Meisterschule und zur Universität, ist Information und Mediation zu leisten: Mediation freilich in einem eher hypothetischen Sinne. Ver-mittelt wird hier nur zuweilen in aktuellen Bezügen, in aller Regel vielmehr im Hinblick auf potentielle Konfliktsituationen, für deren Inszenierung der Erfahrungsschatz der Geschichte und der Anschauungsunterricht der Gegenwart den theoretischen Mediationsstoff abgeben. Gelernt und geprobt wird *non scholae, sed vitae*. So wenigstens lautet die letztlich unüberholbare Regel. Und zuweilen gelingt dies ja auch.

Wie bei den Medien, so lässt sich auch bei der Medizin und beim *Medicus* die ihnen zugedachte Mittlerfunktion schon aus dem Namen ablesen. All´ diese Begriffe beziehen sich auf die indogermanische Wurzel *medhjo-s* (in der Mitte befindlich), aus der sowohl das griechische *mésos* als auch das lateinische *medius* oder *medianus* und das altisländische *midtr* bzw. das althochdeutsche mitti hervorgegangen ist. Auch im Gesundheitswesen (wie in allen anderen Bereichen des sozialen Lebens) hat die Er- und Ver-mittlung jedoch eine sehr unterschiedliche Tiefenwirkung. Ein Arzt, der dem aus dem Gleichgewicht geratenen Körper das zu geben versucht, was ihn fürs erste wieder ins Gleichgewicht bringt, wird sicher Dank und Anerkennung ernten. Dennoch mag es sein, dass er mit solchem Tun – etwas blumig formuliert – erst den Vorhof zum Tempel seiner Berufung betreten hat. Zu wirklicher Mediation wird sein Wirken erst, wenn er zwischen den körperlichen Leiden des Patienten und dessen ganzheitlicher, d.h. also körperlicher und geistig-seelischer, Befindlichkeit eine Brücke schlägt und damit im Wortsinne „heilt", das Fehlende – wiederum im Wortsinn – „ergänzt". Mit anderen Worten: Zum wirklich Heilenden wird der Arzt erst, wenn er die Krankheit nicht nur zu genetischen, konstitutionellen und umweltbedingten Faktoren, sondern auch zu Verhaltenstendenzen, Bewusstseinshaltungen etc. des Kranken in Beziehung setzt und auf diese mediativ einzuwirken sucht. Im Lateinischen wird die Vermittlung sogar ausdrücklich auf die Heilung bezogen. *Medeor* heißt: „Ich heile, helfe, erleichtere"" Und *medela* ist das Heilmittel.

Unverkennbar ist, dass häufig genug weder die sozialen und die ökonomischen noch die kognitiven und die ethischen Bedingungen, unter denen Krankenbehandlungen stattfinden, einem solchen Mediationsanspruch zu genügen vermögen. Ganz ohne normativen Speerwurf in den Sund – um an Otto des Großen Jütland-Feldzug zu erinnern – lässt sich aber nun einmal nicht über dieses Thema sprechen. Und im Übrigen gilt wohl auch insoweit, was in Bayern eine alte Volksweisheit weiß: „A bisserl was geht immer".

Soviel jedenfalls ist gewiss: Wie bei der Meditation geht es auch bei der Mediation (wenn auch mit anderer Blickrichtung) um die Suche nach der Mitte. Wer von Mediation spricht, spricht von der Mitte. Er tut dies, weil er entweder sich selbst oder Andere nicht in der Mitte annehmbarer Lebensverhältnisse sieht. Und er tut dies, weil er sich selbst oder Andere gerne in der Mitte sehen möchte. In der Mitte sehen aber möchte er sich oder Andere, weil er das Außerhalb-der-Mitte-Sein, weil er das Ex-zentrische als lästig oder gar als unheilvoll erfährt. Diese Erfahrung ist eine uralte Menschheitserfahrung. Der „gelbe Pfeil" des I Ging, des ältesten Weisheitsbuches der Welt, folgt der Luftspur der Mitte. Lao-tses Tao ist nicht zuletzt der Weg der Mitte. Das Mittlere, so lehrt es uns Aristoteles im 1. und 5. Buch der Nikomachischen Ethik, ist das Tugendhafte und das Gerechte. Die unendlich facetten- und nuancenreiche Beschwörung von Mitte und Maß wird zum Kontinuum des humanistischen Denkens von der Vorsokratik bis zur Gegenwart. Wie sehr Mitte und Maß zu den Leitwerten unserer Kultur gehören, lässt sich selbst noch an dem – zum Teil groteske rhetorische Formen annehmenden – Drängeln der Politischen Parteien um die angeblich von ihnen programmatisch besetzte Mitte ablesen: Ein Schauspiel dies, das an jenes paradox garnierte „virtus in medio" erinnert, das Carl Orff in seiner „Kluge(n)" genüsslich aufblitzen lässt. Für Nicht-Orff-Kenner sei – gewissermaßen in Klammern – der volle Wortlaut des Zitates hinzugefügt: „'Virtus in medio', sagte der Teufel als er ging eingehängt zwischen zween Huren ...".

Wo die Mitte zum strategischen Ziel wird, wird der Weg zur Ver-Mittlung oder Mediation. Im eigentlichen Sinne des vielfach nur mehr verflacht gebrauchten Begriffes bedeutet Mediation weit mehr als bloße Übersetzungshilfe, wo zwei Individuen oder Gruppen nicht oder nicht mehr dieselbe Sprache sprechen. Mediation bedeutet vielmehr Hilfe zur – man gestatte mir das altmodische Wort – An-Verwandlung, d.h. zur Wandlung in der und durch die beidseitige Annäherung von zwei Konfliktparteien. Wandlung nämlich erwächst stets aus der Kraft der Mitte. Wer den tieferen Sinn von Ganzheitssymbolen der höchsten Verdichtungsstufe studiert – des Kreuzes etwa, des Labyrinths oder der Lebens- und Weltbaumrune Hagal, um nur einige wenige zu nennen – wird erkennen, dass die Wandlungs- und Läuterungsdynamik, der sie über die Jahrtausende hin ihre magische Bündelungskraft verdanken, stets auf diese Mitte hin bezogen ist.

III. Mediation in Kunst und Wissenschaft

Der französische Philosoph Blaise Pascal war es, der zwischen dem *esprit de finesse* und dem *esprit de géometrie* als Grundweisen der Annäherung an die Wirklichkeit – d.h. also: an das hinter dem Sichtbaren Wirkende – zu unterscheiden wusste. In den Künsten weht und wirkt der *esprit de finesse* solange und soweit er nicht durch den harschen Zuruf politischen Zwanges, sozialer Not oder wirtschaftlicher Gier in Sackgassen getrieben wird. Die Wissenschaften dagegen werden eher vom *esprit de géometrie* geprägt, in den Grenzbereichen echten Durchbruchs und Fortschritts freilich auch von einem *esprit de finesse* besonderer Art beflügelt, der selbst die sogenannten exakten Wissenschaften als Wirkweisen eines durchseelten und durchgeistigten Kosmos erscheinen lässt.

Esprit de finesse und *esprit de géometrie* gehören mithin zum Bewegungsstil der mediativen Kraft von Kunst und Wissenschaft. Und darüber, dass Kunst und Wissenschaft Medien der Gewinnung von Wirklichkeitsahnung und Seinsgewissheit sind, kann kein Zweifel bestehen. In der von der Deutschen Klassik unermüdlich beschworenen Einheit des Guten, Schönen und Wahren kommt diese – empirisch wie normativ akzentuierte – Zielsetzung mit besonderer Deutlichkeit zum Ausdruck. Und in den Schönen Künsten, der nobelsten Mediationsform im

Entwicklungskampf des Menschen mit sich selbst um den Aufstieg oder Aufschwung zu einer – diese klassische Dreieinigkeit abbildenden – Lebenshöhe, gewinnt sie vielfältige Gestalt.

Alle schönen Künste sind geborene (und daher auch immer wieder gekorene) Mittler. In allen Lebenslagen vermitteln sie zwischen dem Bewussten und dem Unbewussten, dem Verstandenen und dem Unverstandenen im Menschen selbst. Sie vermitteln aber auch zwischen den Menschen und sie weisen bei all´ dem auch auf den „Gottesfrieden" hin, auf die große kosmische Mitte, auf die alles Leben ausgerichtet ist.

Die Töne, Bilder, Worte und Bewegungen, die den Zyklus des menschlichen Lebens durch die Jahre, Jahrzehnte, Jahrhunderte und Jahrtausende hindurch stets bergend und fördernd begleitet haben und die auch unser Leben begleiten – und sei es auch nur in der Trivialform des Geburtstagsständchens, des Urlaubsfotos, des Tischgebetes oder des Maientanzes – sind uns allen nicht minder vertraut als die Suche nach Geborgenheit und Förderung in mediativ gestalteten Natur- und Architekturräumen. Das von Benjamino Gigli gesungene ‚Ave Maria' beim Requiem für einen uns nahestehenden Verstorbenen oder Bachs Matthäus-Passion in der vorösterlichen Zeit in uns aufzunehmen, mag uns auf zutiefst bewegende, unser Da- und Fernsein mit dem Da- und Fernsein Anderer und dem Kreislauf des Lebens verschmelzende Weise einer wenn nicht vorstellbaren, so doch erahnbaren Mitte näherbringen. Die ausgestreckte Hand Gottvaters auf Michelangelos Sixtinischem Schöpfungs-Fresco mag uns auf ähnliche Weise ergreifen und in die Richtung dieser Mitte ziehen wie sie nach dem biblischen Schöpfungsmythos Adam und Eva ins Leben hob. Desgleichen mag uns Rilkes ‚Panther', dessen Auge „vom Vorübergehen der Stäbe" müde geworden ist, mit unserer beseelten Mitwelt fühlen und leiden lassen wie es auch in jener Kunde vom Heiligen von Assissi zum Ausdruck kommt, der zufolge er selbst Felsen nur behutsamen Fußes betreten habe, um sie nicht zu verletzen. Zumbuschs jugendbewegte „Tänzerinnen" mögen uns an diesen und jenen frühlingshaften Augenblick unseres Lebens erinnern, an dem wir uns selbst im Medium des Tanzes in eine über unser Hier und Jetzt hinausweisende Wirklichkeitsvorstellung hineingeschwungen haben. Wer könnte sich frei machen von jenem zur Selbstbesinnung wie Selbstüberschreitung drängenden (und daher auch genuin mediativen) Sog, der von großer Architektur ausgeht – von der unerschütterlichen Seinsgewissheit und Frömmigkeit romanischer Basiliken, von dem Stein und Form gewordenen Hochgesang jenseitsverlorener gotischer Dome? Und wer schließlich könnte sich der Faszination von Symbolen der höchsten Verdichtungsstufe entziehen – Symbolen wie Kreis, Kreuz, Labyrinth, Hagal oder auch Lotos und Yin Yang? Vollkommener als alle anderen menschlichen Schöpfungen verkörpern sie das Wissen um die Notwendigkeit, um die Möglichkeit und um die Wegbarkeit des mediativen Prozesses – einer Entwicklungsbewegung, die die (übrigens auch in der katholischen Mess-Liturgie im Mittelpunkt stehende) läuternde ‚Wandlung' als magische Mitte sieht, die vom Ich zum Du und vom Du zur Ganzheitlichkeit führt.

Das negative Pendant zu der Chance, die aus der Erschließung des mediativen Potentials der Künste erwächst, lässt sich am deutlichsten dort erfahren, wo dieses Potential entweder überhaupt nicht oder aber in einer zentrifugalen Weise erschlossen wird und wurde. Das öffentliche Gespräch hierüber füllt die Bibliotheken kunsthistorischer Institute und die Feuilletonseiten der anspruchsvolleren Zeitungen und Zeitschriften, ist Gegenstand der Diskussionen einschlägiger Akademien, wird nicht zuletzt auch im Umkreis von Galerien, Museen und Stiftungsforen geführt. Ich muss es mir hier versagen, die *chronique scandaleuse* der Künste aufzublättern. In einem Buch mit dem Titel „Schon wieder mischen sie Beton. Lebensräume zwischen Architektur und Politik" habe ich versucht, dies für den Bereich der mir besonders am Herzen liegenden Baukunst zu tun, mit der wir so allgegenwärtig und unausweichlich konfrontiert werden. Dabei bin ich u.a. auf den Begriff der „anständigen Baugesinnung" aus der deutschen Baugestaltungsverordnung von 1936 gestoßen. An diesem Begriff (über dessen Missbrauchbarkeit kein Zweifel bestehen kann) gefällt mir der sprachliche Kern. Das „Anständige" mag sehr wohl als das der Umgebungs-Architektur Wohl-Anstehende und daher auch dem gestalterischen Zugriff des Architekten wie des Bauherrn Zu-stehende verstanden werden. Auch das Füllen einer Baulücke oder das Anfügen eines neuen Baugebietes an eine gewachsene Dorf- oder Stadtgestalt ist ein künstlerisch-mediativer Akt. Und Mediation setzt nicht zuletzt Rücksichtnahme voraus. Wo eine annehmbare Mitte gesucht und gefunden werden soll, muss Ver-bindlichkeit am Werk sein. Wie oft aber erleben wir gerade auch hier blinden Architekten- und Bauherrn-Narzissmus, von noch problematischeren Motiven ganz zu schweigen. Die traditionsreiche Hansestadt Lübeck riskierte, aus der UNESCO-Ehrenliste der dem Weltkulturerbe zuzurechnenden Städte wieder gestrichen zu werden, weil es von einer Kaufhaus-Planung auf dem historischen Rathausplatz nicht lassen wollte, bei deren Anblick man sich an eine zivilisationskritische Passage im dritten Teil von Rilkes ‚Stundenbuch' aus dem Jahre 1903 erinnert fühlen mochte, in der es heißt: „Und lärmen lauter mit Metall und Glas ..."

Obwohl die Wertigkeit und die Wertung von Formen sehr unterschiedlich ausfallen mag und obwohl es auch in den Künsten unendlich viele Formen der Ver-bindlichkeit gibt, deren Grenzen nie apodiktisch bestimmt werden können, bedarf es in deren Zusammenspiel größter Achtsamkeit. Und wo Architektur Kunst sein will, muss sie beim Einsatz von Schönheit als Medium ent- und verbergen, er- und vermitteln, muss das Gespür und die fühlige Hand, muss das sprichwörtliche Auge des Künstlers, muss der die Zeiten durchwehende mediative Geist von Mitte und Maß am Werk sein. Für die Planung architektonischer Großformen gilt dies in nicht geringerem Maße als für die Sorge um klein- und weiträumige Infrastrukturen, die trotz mancher Fortschritte in den vergangenen Jahrzehnten vielerorts noch immer Stiefkinder der öffentlichen Raumgestaltung geblieben sind, obwohl gerade sie urbanistische Mediatoren *par excellence* sind bzw. sein könnten.

Ähnliches wie für die Künste gilt schließlich auch für die Wissenschaften als mediative Kraft. Auch ihnen geht es um die Ver-mittlung des Menschen mit der sie umgebenden Welt. Jenseits des Vollzuges einer dem Menschen wohl eingeborenen Entdeckerfreude ging und geht es den Wissenschaften stets um die Gewinnung der Erkenntnisse, die für den Menschen zur Erhaltung, Entfaltung und Gestaltung seines Lebens erforderlich und nützlich sind oder doch zu sein scheinen. Mit anderen Worten: Die Wissenschaften vermitteln zwischen den evidenten und den latenten Bedürfnissen des Menschen und den Möglichkeiten, sie auf lebensgerechte Weise zu befriedigen. Die Geistes- und Sozialwissenschaften (einschließlich der Rechtswissenschaft, die ich als eine solche verstehe) schaffen die theoretischen Voraussetzungen für die Praxis der Mediation auf allen sozialen und politischen Ebenen. Die Natur- und die Technikwissenschaften vermitteln direkt oder indirekt zwischen den von ihnen erforschten Gesetzen der Natur und dem Bedarfs- und Bedürfnishorizont der Gesellschaft.

Wie in allen anderen Lebensbereichen birgt auch die von den Wissenschaften betriebene Mediation Chancen und Risiken. Die einen wie die anderen sind uns hinreichend bekannt: die Erleichterungen, Befreiungen und Bereicherungen unseres Lebens, die sie (nunmehr im Doppelsinne des Wortes) „vermittelt" haben; die Zwänge, Übersteigerungen und Grauenhaftigkeiten aber auch, in die sie uns hineingeführt haben und in die sie uns – man denke an die Gentechnik-Debatte oder an das Damokles-Schwert des Terrorismus wie der „regulären" Kriegsführung mit ABC-Waffen – weiterhin zu führen drohen. Nach Hiroshima, Tschernobyl und Fukushima hat uns nicht zuletzt der Sturz der babylonischen Zwillingstürme von Manhattan drastisch vor Augen geführt, welche diabolischen Synergien die Mésalliance von wissenschaftlichem Fortschritt und seit Jahrzehntausenden nicht oder kaum veränderter menschlicher Triebstruktur zu bewirken vermag. Das amerikanische Drama, das sich zu einem globalen entwickeln sollte, hat uns vor Augen geführt, welche Schrecklichkeiten entstehen können, wo Mediation nicht versucht wird oder nicht gelingt. Nicht zuletzt die menschliche und politische Tragödie, die wir in diesem Zusammenhang erlebt haben und unter dessen Folgen wir im Nahen Osten noch heute leiden, macht deutlich, dass Mediation etwas ist, was uns Alle angeht.

Mediation ist die Kunst, im Hinblick auf alles und jedes mit unseren Mitmenschen so umzugehen, dass sich ein jeder – zusammen mit einem jeden – in der Mitte der Welt fühlen kann. Wir sind tatsächlich (wie Albert Schweitzer es ausgedrückt hat) „Leben inmitten von Leben, das Leben will". Und es ist tatsächlich „der Ton", der „die Musik" macht, wie das Sprichwort weiß. Mediation ist Herzstück der *ars vivendi et moriendi* und als solches ein Tor zum Königsweg der Friedenswahrung. Mediation heißt nicht zuletzt, sich mit allen anderen Geschöpfen zusammen als Ganzheit zu empfinden – auch und gerade dort, wo Kommunikation von Natur aus schwierig ist oder das Tischtuch zerschnitten scheint. Mediation heißt, an einen Neubeginn zu glauben, auch wenn ein Schnitt unausweichlich geworden ist. So „aus der Welt" nämlich ist nichts und niemand, dass er nicht in irgendeiner – wenn auch vielleicht destruktiven – Weise am großen Tuch des Lebens webt. Dies jedenfalls lehrt uns die allenthalben erfahrbare Dialektik des Lebens.

C. Von der praktischen zur kosmischen Konkordanz oder: Was hat Politik mit Liebe zu tun?

Von der praktischen zur kosmischen Konkordanz

Was hat Politik – auch Friedens-Politik - mit Liebe, was hat Liebe mit Politik zu tun? Wem würden bei einer solchen Fragestellung nicht eine Fülle von Assoziationen bestürmen, wem fiele dazu nicht dieses und jenes und dann noch ganz anderes ein: Namen und Bilder, die sich zu Arabesken verknüpfen. Namen und Bilder, die zu sichten, scheiden und ordnen reizvoll erscheinen, zugleich aber auch den Weg aus den Vorhöfen ins Innere der Thematik weisen mögen.*

Wo von Liebe die Rede ist, denkt man in aller Regel zunächst einmal an die wohl vordringlichste, aber auch potentiell vehementeste Form der Liebe – an die wechselseitige Anziehung von Menschen unterschiedlichen Geschlechts.

An sie zu denken, heißt dann allerdings auch schon, im buntesten Namens- und Bilderreigen zu gehen: Helena und der Kampf um Troja, Cäsar und Kleopatra. Die Spannung zwischen Mars und Venus also und die Ent-Spannung in der Symbiose. Politik als Medium der Liebe und Liebe als Medium der Politik. Salomo und die Königin von Saba. Der Makedonier Alexander und die Perserin Roxane. Heinrich von Navarra und Margarete von Valois. Napoleon Bonaparte und Marie-Louise. Tu felix Austria nube. Politik aber auch als das mehr oder minder tragisch Trennende. Romeo und Julia. Herzog Albrecht und Agnes Bernauer. König Ludwig I. und Lola Montez. Die Entmachtung der Liebe durch die Politik. Oder auch umgekehrt: Die Entmachtung der Politik durch die Liebe. König Edward VIII. und Wallis Simpson. Dionys von Syrakus und Damon im Glanz der Freundes- und Geschwisterliebe. Und schließlich auch noch Ermächtigung, Erhöhung und Veredlung der Politik durch die Liebe. Aus zahllosen erwähnenswerten Namen nur diese: Echnaton und Nofretete. Louis Quatorze und die Marquise de Pompadour. Talleyrand und die „Venus am Abendhimmel" (Dorothea von Périgord).[1]

I.

Zu all diesen Namen und Bildern gäbe es unendlich viel zu sagen. Recht besehen taugen sie jedoch nur dazu, die Vorhöfe der Thematik zu markieren. Was auch immer man nämlich aus dem hier eröffneten Reigen ablesen mag, ob Liebe als Tauschgeld, Dreingabe oder Instrument der Politik, ob Politik als Förderer, Verhinderer oder Zerstörer der Liebe auftaucht – nie reichen solche Deutungen bis ins Innerste, bis an die Quintessenz des Politischen, nie geht es um die Liebe als Inhalt und Gegenstand der Politik, so sehr die Stilisierungfreude von Volksmund, Historikern und Dichtern an der Erinnerung gefeilt und geschliffen haben mag. Zur Eigentlichkeit der Thematik kann man nur dann vordringen, wenn man den geistig-seelischen Wahrnehmungs-, Bewusstseins- und Gefühlszustand ins Blickfeld rückt, der mit dem immergrünen Begriff der Liebe umschrieben zu werden pflegt.

Zunächst wird man dabei den Blick wieder von der Liebe zwischen Mann und Frau lösen und auf eine sehr viel breitere Ebene richten müssen: Auf den Sprung durch den Spiegel, um es metaphorisch zu fassen. Auf die Liebe als Brückenschlag – auf den Brückenschlag von uns zum Nächsten, vom „Ich" zum „Du". Und zwar ganz unabhängig davon, ob es sich bei diesem Nächsten, bei diesem „Du", nun um Vater, Mutter, Mann, Frau oder Kind, ob es sich um den Schüler, um den Lehrer, um den Herrn Nachbar oder irgendeinen anderen Mitmenschen handelt. Um was es also geht, ist der Brückenschlag vom bis zur Unteilbarkeit geteilten Teil vom „Individuum", wie schon der lateinische Name besagt zu einem anderen bis zur Unteilbarkeit geteilten Teil, zu einem anderen In-dividuum. Und dies im Geiste einer alle Teile und Teilbarkeiten umfassenden und verbindenden Vision kosmischer Einheit.[2]

Hubert Palm, dem Vorkämpfer der Baubiologie, verdankt der Autor die Kenntnis einer in Lichtphasen der ägyptischen Frühzeit zurückverweisenden Tontafel mit folgender Inschrift:

Erkenne die Eins
Erkenne die Zwei
Erkenne die Eins in der Zwei
Erkenne die Drei
Erkenne die Eins und die Zwei in der Drei.[3]

In juwelenhafter Verdichtung wird hier die Stufenfolge der Brückenschläge vom Mikrokosmos zum Makrokosmos präsentiert - der Brückenschläge vom Ich zum Gegen-Ich zunächst und dann zum ganzheitlichen Über-Ich. Das, was der Wiener Sozial- und Staatsphilosoph Othmar Spann in seinem Hauptwerk mit dem schönen Titel „Der wahre Staat"[4] die „Gezweiung" genannt hat, wird hier gewissermaßen zur Gedreiung stilisiert. Gemeint jedoch ist hier wie dort dasselbe: das universalistische Credo nämlich, dass das Ganze dem Teil vorgegeben ist, dass Ganzheitlichkeit und Gliedhaftigkeit dialektisch aufeinander bezogen sind.

So selbstverständlich der Hinweis auf diese Dialektik auch klingen mag, so wenig selbstverständlich war (und ist) sie der neuzeitlichen Wahrnehmungs-, Bewusstseins- und Gefühlslage. Die Konzentration auf das Geteilte und Nichtmehr-Teilbare, auf Individualität und Atomistik, beschwor (und beschwört) Glanz und Elend der Moderne. Die im 12. und 13. Jahrhundert vollzogene Wende der abendländischen Philosophie vom (christlich utilisierten) Universalismus der platonisch-aristotelischen Klassik zum neuzeitlichen Nominalismus hat den Schwerpunkt des Denkens von den Ganzheits- und Allgemeinbegriffen, den universalia, zu den Einzelungen und Einzelheiten, den res, verschoben[5]. Die ganze Neuzeit steht im Banne dieser Form der Realität, wenn auch in der Sprache der Philosophie merkwürdiger- und bemerkenswerterweise die Universalisten weiterhin als die Realisten firmieren. Wer an das Walten höherer Mächte am und im Fluss des Heraklit glaubt, mag hier eine unsichtbare Hand am Werke sehen. Wie immer es sich aber auch damit verhalten mag: Sicher ist, dass sich der an der „res" orientierte Realitätsbegriff im Verlauf der Renaissance in allen Kulturbereichen durchzusetzen beginnt, dass er im Zuge der Aufklärung seine sozial- und politikphilosophische Ausformulierung und im Gefolge der bürgerlichen und sozialen Revolutionen des 18., 19. und beginnenden 20. Jahrhunderts seine sozioökonomische Ausprägung erfährt.

„Mir geht nichts über mich". Wenn auch diese Sentenz des deutschen Anarchisten Max Stirner (1806-1856)[6] gemeinhin als verschrobener Verbalradikalismus registriert wird - über einen unleugbaren Grundzug des Denkstils der Moderne sagt er ebenso viel aus wie der Titel seines Hauptwerkes „Der Einzige und sein Eigentum" [7]. Der universalistisch denkende und fühlende Mensch ist stets auf dem Weg. Er ist auf dem Weg vom Ich zum Du, und -durch das Du hindurch zu der dieses Du umfassenden, zugleich aber über es hinausweisenden Einheit des Lebens. Er ist Homo Viator, ist Wanderer, Wanderer zu Gott oder wie auch immer die ordnende und geordnete Kraft der kosmischen Mitte umschrieben werden mag.

Bis zum Ausgang des Mittelalters wurde das Selbstverständnis der Menschen von dieser augustinisch geprägten Vorstellung begleitet. Danach wurde der Typus des Homo Viator in immer stärkerem Maße vom Typus des Homo Faber abgelöst. Der moderne Mensch ist Homo Faber. Er ist Macher. Das Machen von Sachen ist sein Metier. Und in der Folge natürlich auch das Haben von Sachen. Immer wieder also: „Der Einzige und sein Eigentum". Wie sich die Einzigen und ihr Eigentum in einem potentiellen Krieg aller gegen alle mit gezückten Waffen gegenüberstehen, hat der englische Staatsphilosoph Thomas Hobbes (1588-1679), ein klassischer Vertreter neuzeitlichen More-geometrico-Denkens, in seinem Leviathan aus dem Jahre 1651 beschrieben: Um dem Schlimmsten zu entgehen, müssen sie sich recht und schlecht ver-tragen, den ihre Not wendenden Ausgleich der Interessen unter das Friedensgesetz der Staatlichkeit stellen. Unter der Ägide dieses Friedensgesetzes wird freilich auch nur die Virulenz des Konflikts verhindert; seine Latenz dauert fort [8]. Zu Recht wurde das

Hobbes'sche Sozialbild als Urbild der kapitalistischen Gesellschaft diagnostiziert. Furcht und Hoffnung sind es, die nach Thomas Hobbes die Beziehungen der Menschen untereinander bestimmen. Furcht und Hoffnung lassen sich auch in kapitalistische Formen gießen. Zu dem die Menschen vital verbindenden Band jedenfalls wird mit dem Siegeszug des Kapitalismus die Barzahlung, um den im ersten Viertel des 20. Jahrhunderts in München lehrenden Wirtschaftswissenschaftler Lujo Brentano zu zitieren. [9]

Welche Welt uns diese, das verbissene Haben und das fiebrige Haben-Wollen zum System erhebende Verbindlichkeit der Barzahlung beschert hat, wissen wir - eine nivellierte, quadrierte, kontaminierte, geistig und seelisch evakuierte Welt, von der sich das Leben in immer stärkerem Maße abzuwenden droht.

Wenn Erich Fromm in seiner längst zum geflügelten Wort gewordenen Parole „Haben oder Sein" der Welt des Habens die Welt des Seins gegenüberstellt [10], so bedarf diese Alternative noch einer klärenden Abgrenzung. Wenig hilfreich wäre die Fromm'sche Parole wenn mit dem Sein lediglich die schon von Alexis de Tocqueville prophetisch geschaute Grundbefindlichkeit des modernen Menschen gemeint wäre: „Ich erblicke eine Menge einander ähnlicher und gleichgestellter Menschen", heißt es in dessen 1835/40 erschienenem Werk über Die Demokratie in Amerika, die sich rastlos im Kreise drehen, um sich kleine und gewöhnliche Vergnügungen zu schaffen, die ihr Gemüt ausfüllen. Jeder steht in seiner Vereinzelung dem Schicksal aller anderen fremd gegenüber: seine Kinder und seine Freunde verkörpern für ihn das ganze Menschengeschlecht; was die übrigen Mitbürger angeht, so steht er neben ihnen, aber sieht sie nicht, er berührt sie, er fühlt sie nicht. Über diesen erhebt sich eine gewaltige, bevormundende Macht, die allein dafür sorgt, ihre Genüsse zu sichern und ihr Schicksal zu überwachen. Sie ist unumschränkt, ins Einzelne gehend, regelmäßig, vorsorglich und mild. Sie wäre der väterlichen Gewalt gleich, wenn sie wie diese das Ziel verfolgte, die Menschen auf das reife Alter vorzubereiten; stattdessen aber sucht sie bloß, sie unwiderruflich im Zustand der Kindheit festzuhalten; es ist ihr recht, dass die Bürger sich vergnügen, vorausgesetzt, dass sie nichts Anderes im Sinne haben, als sich zu belustigen. Sie arbeitet gerne für deren Wohl; sie will aber dessen alleiniger Betreuer und einziger Richter sein; sie sorgt für ihre Sicherheit, ermisst und sichert ihren Bedarf, erleichtert ihre Vergnügungen, führt ihre wichtigsten Geschäfte, lenkt ihre Industrie, ordnet ihre Erbschaften, teilt ihren Nachlass; könnte sie ihnen nicht auch die Sorge des Nachdenkens und die Mühe des Lebens ganz abnehmen?"[11]

Die sanfte Unerbittlichkeit der Tocqueville'schen Vision antizipiert die sanfte Unerbittlichkeit unserer schönen neuen Welt (Huxley)[12], spiegelt die mit rosafarbenem Zuckerguss überzogene Funktionskälte ihres Ver- und Entsorgungstotalitarismus und enthüllt gnadenlos, dass Gegenstand ihrer Politik dieses und jenes, schwerlich aber Liebe in dem hier vorausgesetzten Sinne kosmischer Integration sein kann. So scharfsichtig Tocquevilles prophetische Vorwegnahme unserer Gegenwart auch sein mag - die anderthalb Jahrhunderte, die seit seiner ersten Veröffentlichung vergangen sind, haben diesem Porträt der nur scheinbar liebevollen Lieblosigkeit doch noch neue Züge hinzugefügt. Das 1835 noch kaum absehbare Phänomen der Banalisierung des sozialen Rechtsstaats moderner Prägung[13] hat Tocqueville schon sehr deutlich vorhergesehen die Zügelung der alten Lieblosigkeit des nachrevolutionären Laissez-faire durch die neue Lieblosigkeit einer in ihrer unreflektierten Fortschreibung infantilisierenden Fürsorglichkeit.

Eine Erfahrung, die Tocqueville noch nicht so deutlich vorhergesehen hat, deren aktuelle und potentielle Implikationen und Konsequenzen uns Heutigen dafür umso nachdrücklicher ins Auge fallen, sind die Auswirkungen der Mésalliance zwischen einem materialistisch verkürzten Freiheitspathos und einem nicht minder materialistisch verkürzten Brüderlichkeitspathos auf die natürlichen Lebensgrundlagen. Nicht zuletzt der zum Kollektivlaster gewordene lieblose Umgang mit der Natur lässt die sozusagen natürlichen Grenzen der Lieblosigkeit zur immer unentrinnbareren Alltagserfahrung werden. Die schmerzliche Konfrontation mit diesen Lebens- und Überlebensgrenzen, die angesichts einer global verseuchten Landkarte[14] zu den vielleicht einzigen wirklichen Grenzen im Hier und Jetzt geworden sind, birgt aber doch auch die vielleicht letzte Chance zur (Wieder-) Entdeckung der Liebe als der wohl einzigen kosmischen Kraft und damit auch der wohl einzigen sozialen Größe, die es wert ist, in den Mittelpunkt nicht nur jedes einzelnen menschlichen Lebens, sondern auch in den Mittelpunkt jeglicher friedvoller Politik gestellt zu werden. Wenn man mithin die Fromm'sche Alternative ‚Haben oder Sein' zum zivilisatorischen Wegkreuz unserer

Menschheitsstunde erklärt, so kann nicht das von Tocqueville avisierte, sondern nur ein im hier skizzierten Sinne liebevolles Sein das Ziel der Reise sein.

II.

Was heißt all dies nun aber ganz konkret? Was bedeutet „liebevolles Sein" für das Verhältnis der Menschen zu ihrer gesellschaftlichen und natürlichen Um- und Mitwelt; und vor allem: Wie kann es in den soziopolitischen Alltag überführt, wie kann es Gegenstand einer Friedenspolitik werden? Den sozialethischen Grundakkord für die Beantwortung dieser Fragen hat Albert Schweitzers Philosophie der Ehrfurcht vor dem Leben mit der schlichten Feststellung angeschlagen, dass wir alle Leben inmitten von Leben sind, das leben will.[15] Die goldene Regel der Stoa „Was Du nicht willst, dass man Dir tu, das füg' auch keinem anderen zu" wird aus einer solchen Sicht zum Mindestmaß, die Bereitschaft, ja das Bedürfnis, in und mit dem eigenen Leben anderes Leben zu schützen und zu fördern, wird zur Richtschnur liebevollen Seins. In der positiven Wendung des Christus-Wortes Alles, was Ihr wollt, dass Euch die Menschen tun, das sollt Ihr ihnen ebenso tun (Math. 7, 12) hat die stoische Negation ihre Krönung erfahren.

Wer die soziokulturelle Mentalität wie die sozioökonomische und soziopolitische Realität unserer Zivilisation unter die Lupe nimmt, wird sehr rasch erkennen, dass selbst der genannte Mindeststandard alles andere als die Regel ist. Dass Recht und Ethik zwei voneinander geschiedene Kategorien sind und das Recht vielfach nur ein ethisches Minimum zu garantieren in der Lage ist bzw.

zu garantieren versucht, lernt der Rechtsstudent schon im ersten Semester. Und im Laufe seines Studiums findet er dann mehr als genug Belege für die erlernte These. Für den Stil wie für die Resultate der allgemeinen Politik gilt - Wahl- und Parlamentsrhetorik hin oder her – in aller Regel dasselbe. Dass jedoch sogar das sozialethische Mindestmaß allenthalben unterschritten wird, muss selbst den Blinden und Tauben auffallen. Wie anders wären die unablässig weltweit und mit größter Härte geführten Kriege zu erklären, wie die letztlich stets auf soziokulturelle und soziökonomische Strukturmängel zurückführbaren Hungerepidemien, wie die unaufhörliche Vergiftung von Wasser, Luft und Erde, die unsere – derartiges ermöglichende – Rechtsordnung zu einer „Altlast Recht" [16] hat werden lassen?

„An ihren Früchten werdet Ihr sie erkennen" (Math. 7, 16) heißt es im Neuen Testament. Unabhängig davon, was gemeint oder gewollt sein sollte – unabhängig also von Manifesten und Deklarationen, von Resolutionen und Institutionen, von Programmen und Gesetzen -, enthüllen die unübersehbaren und daher auch unleugbaren Folgen unseres Handels und Wandels die kollektive Lieblosigkeit der von uns gelebten zivilisatorischen Option. Noch verhängnisvoller als diese Folgen unserer kollektiven Lieblosigkeit ist aber wohl die durch den neuzeitlichen Lebensstil bewirkte strukturelle Unterdrückung der Liebesfähigkeit – jener menschlichen Qualität also, deren kraftvolle Ausprägung Sigmund Freud neben der Arbeits- und der Genussfähigkeit zur *conditio sine qua non* der Neurosefreiheit und damit der geistig-seelischen (und in deren Gefolge nicht zuletzt auch der körperlichen) Gesundheit erklärt hat. [17] Die von Kindesbeinen an erfahrene und betriebene Einübung in unsere tendenziell narzisstischen zivilisatorischen Praktiken [18] mit ihrer mehr oder minder bedenkenlosen Abdrängung des Ganzheitsbezuges (bestenfalls) an die Peripherie der Lehr-, Kirchen- und Volkskanzeln – in jene Gefilde also, für die seit eh und je eine gewissen Narrenfreiheit galt – behindert in tiefgreifender Weise die als menschlicher Grundimpuls wohl stets vorhandene Fähigkeit, auf eine nicht-schematisierte Weise bewussten Dienst am Gesellschafts- und Naturganzen zu leisten.

Ehe wir uns dieser – „strukturellen Gewalt" (Johan Galtung) [19] nicht klar bewusst geworden sind, werden wir auch nicht in der Lage sein, die sie tragenden Normen und Institutionen abzulösen und durch ganzheitsbewusstere und damit auch liebevollere zu ersetzen – durch solche also, die nicht nur diesen oder jenen mehr oder minder isoliert gesehenen Gemeinwohlzweck, sondern das in umfassender, wahrhaft ganzheitlicher Weise bedachte Gemeinwohl im Auge haben. Und auch die Politiker und Politikerinnen, Amtsträger und Amtsträgerinnen, die diese Normen und Institutionen ins Leben rufen und am Leben erhalten, die sich also den im Rahmen unserer Verfassungsordnung ergebenden Repräsentationsaufgaben stellen, werden das im Repräsentationsbegriff angelegte politische Optimationsziel nur erreichen, wenn sie an die Stelle ihrer vielfach gegenüber Um- und Mitwelt rücksichtslosen „Rücksichtnahme auf den Wähler" – sprich: auf ihr eigenes Interesse an der Machtgewinnung und -erhaltung – einen gegenüber Um- und Mitwelt rücksichtsvollen, gegenüber ihren eigenen Machtinteressen jedoch eher rücksichtslosen Führungs- und Amtsstil treten lassen.

Der Weg von der heute allenthalben gesuchten „praktischen Konkordanz" (Konrad Hesse)[20] des geringsten Widerstandes und des kleinsten gemeinsamen Nenners zu einer alle Sozial- und Naturinteressen geschwisterlich umfassenden, in die Aufrichtung eines „Liebesrechts" (Günther Küchenhoff)[21] mündenden „kosmischen Konkordanz" kann nur durch das Bewusstsein der Menschen hindurch führen. Sie nämlich sind es, die den sozialen und politischen Normen und Institutionen ihre Form geben, die sie mit Leben erfüllen und die sie allmählich oder auch jäh zu verändern vermögen. Ohne diesen Weg durchs Fegefeuer der individuellen und kollektiven Wahrnehmungs- und Bewusstseinsveränderung kann weder die emanzipative Stufe der Befreiung aus dem – normativ-institutionell abgesicherten – Käfig einer sich krebsig addierenden Einzelung erreicht werden noch die konstruktive Stufe einer im Geiste liebevoller Unterscheidung und Förderung der Eins in der Zwei und der Zwei in der Drei praktizierten Politik, um die ägyptische Tontafel noch einmal zu bemühen.[22]

Mit dem Hinweis auf die Unverzichtbarkeit einer tiefgreifenden Wahrnehmungs- und Bewusstseinsveränderung ist man an der metaphysischen Ecke jeder epochalen Neuordnung angelangt, an einem Punkte also, an dem alle grundstürzenden und grundlegenden Reformimpulse der Menschheit früher oder später angelangt sind. Für unsere tendenziell nekrophile Zivilisation markiert dieser Punkt die Frage, wie die ebenso allgegenwärtige wie ungute Dialektik von Brutalität und Infantilität aufgehoben und die Versöhnung des Menschen mit sich selbst, mit seinesgleichen und mit der Natur nachhaltig gefördert werden kann.

Im Grunde ist dies das Thema aller Religionen. Gerade aber weil dieses Thema das Thema aller Religionen ist, bestand und besteht stets die Gefahr, dass es als metaphysisch und damit auch meta-sozial, meta-politisch und meta-rechtlich in einem die heilige Flamme der Liebe bergenden, von Heilsverwaltern umhegten Tempelbezirk der Menschen- und Gottesliebe interniert wird. Zwar waren und sind diese Heilsspezialisten zumeist gerne bereit, mehr oder minder heil- oder auch unheilsam in den (nicht zuletzt auch kraft kollektiven Selbstverständnisses) weitgehend entspiritualisierten Profanbereich hineinzuwirken - als zentrales Thema von Gesellschaft, Politik und Recht wurde die Liebe aber dadurch eher geschwächt als gestärkt.

Verfolgt man solche Gedankengänge weiter, so drängt sich die Frage auf, ob nicht das durch seine kollektive Lieblosigkeit im Umgang der Menschen untereinander und mit der Natur vom Untergang bedrohte Abendland die zu den Grundlagen seiner Geistigkeit gehörende Unterscheidung und Trennung von Sakral- und Profansphäre kritisch überdenken muss. Mit anderen Worten: Ob sich das Abendland nicht in einem großen „Stirb und Werde" sozusagen von sich selbst befreien muss. Und dies vielleicht in einer sehr viel wurzeltieferen Weise, als es eine geistesgeschichtliche Analyse nur der Neuzeit nahelegen könnte. Vielleicht werden wir mit der Idee der institutionalisierten Heilsverwaltung auch die sie erleichternde und darüber hinaus die kollektive Lieblosigkeit geradezu herausfordernde Idee eines (notabene) naiven Dualismus von Gut und Böse, Licht und Finsternis in Frage stellen müssen, wie sie das amtskirchlich strukturierte Christentum spätestens seit Augustinus in Anlehnung an die zarathustrisch-manichäische Weltsicht nachhaltig gefördert hat. Diesen Dualismus in Frage zu stellen, könnte die Rückkehr zu jenem Gott und die Welt, Mensch und Natur als Einheit begreifenden monistischen Denken bedeuten, das den indogermanischen Kulturkreis geprägt hat.[22] Zu jenem Monismus also, der die Möglichkeit menschlicher Selbsterlösung, wie sie Buddha lehrte, zumindest zu erleichtern vermag. Zu jenem Monismus, der auch im Denken der in den Anfängen so lebendigen, dann aber von der Amtskirche weitgehend verdrängten, unterdrückten und anderthalb Jahrtausende lang mehr oder minder verfolgten christlichen Gnosis eine so bedeutsame Rolle gespielt hat. Wenn etwa der kalabresische Abt Joachim von Fiore, um nur einen unter vielen Namen zu nennen, Ende des 12. Jahrhunderts ein die Kirche als Institution nicht mehr kennendes Reich des Heiligen Geistes heraufkommen sah,[23] so zeigt dies, dass die in dem Christus-Wort „Ihr seid Götter" (Joh. 10, 34)[24] anklingende Idee der Selbsterlösung auch dem Christentum nicht fremd geblieben ist, dass sie sich aber eben im christlich geprägten Abendland nicht durchsetzen konnte, weil die institutionellen Verweser des Christentums auch soziopolitische Ordnungsaufgaben wahrnahmen, mit deren Erfordernissen die Entwicklungsgesetzlichkeit der Selbsterlösungsidee unabweisbar in Konflikt geraten wäre. Dass der die liebevolle Einheit von Gott und Welt, Mensch und Natur vorlebende und aufzeigende Franziskus von Assisi dies nur in der Haltung der Armut und Demut tun wollte und konnte, zeigt die Kehrseite dieser abendländischen Kulturprägung. Sich mit der von göttlichem Licht durchfluteten Natur brüderlich in eins zu setzen und sich durch diese liebevolle Teilhabe an der Schöpfung aus der schmerzlich empfundenen Einzelung zu erlösen, war eben etwas grundstürzend anderes als die Zurückdrängung und Unterdrückung der Natur durch eine vorgeblich reine Geistesherrschaft. Dass später ausgerechnet die der franziskanischen Geistigkeit verwandten Dominikaner zu Hütern der Inquisition berufen wurden, gehört nicht nur zur Tragik des Christentums, sondern auch zur Tragik unserer ganzen christlich geprägten Zivilisation, zu deren Charakteristika es gehört, dass sehr viel von Verdrängung und ihren neurotischen Folgen, sehr wenig aber von Erlösung und ihren Voraussetzungen die Rede ist.

Heute müssen wir wohl gerade dort wieder einsetzen, wo der franziskanische Impuls verebbt ist bzw. abgebogen wurde. Und je mehr Gottvertrauen wir in diese Welt setzen, je klarer wir Spinozas Gleichsetzung von Gott und Natur (Deus sive natura) [25] annehmen können, desto leichter wird es uns fallen, die liebevolle Ineinssetzung mit der gesamten Schöpfung zu leben, uns mit der Natur zu freuen, wo sie leuchtet und blüht, mit ihr zu leiden, wo sie bedrückt und gequält wird. All das zu tun also, was in unserer vor hektischer Lebensgier zitternden und dennoch freudlosen Gesellschaft so selten geworden ist selten geworden ist in einer Gesellschaft, der die Sucht nach Einzelung und Spaltung auch dort noch auf die

Stirn geschrieben steht, wo sie sich besonders gemeinschaftlich gebärdet.

Wer hätte sich nicht alles von wem zu emanzipieren?! Die Frauen (die mit Elisabeth Gould-Davies entdeckt haben, dass am Anfang... die Frau war) [26] von der Tyrannei der Männer, die Manner von der tatsachlichen oder vermeintlichen Renaissance der Frauen, die Homosexuellen von der Normalität der Heterosexuellen, die Arbeitnehmer von der Vorherrschaft der Arbeitgeber, die Arbeitgeber von der Dreinrederei der Arbeitnehmer, die Schwarzen von den Blauen, die Roten von den Grünen und so weiter, kreuz und quer. Und alle natürlich auf der Suche nach Selbstfindung und Selbstverwirklichung. Wenig andere Begriffe unserer Sprache werden gemeinhin so missverstanden, so oberflächlich gedeutet wie diese beiden Begriffe. Was Anderes nämlich könnte, dürfte dieses Finden zu sich selbst, dieses sich selbst Verwirklichen bedeuten wenn nicht das, was hier als Selbsterlösung bezeichnet wurde: das Entdecken und Annehmen der eigenen Gliedhaftigkeit also, des eigenen im Mit- und Aneinander von Einzelung, Gezweiung und Gedreiung à l'égyptienne angelegten Ganzheitsbezugs?

All dies ist aber eben leichter gesagt als getan. Die Predigt als solche hilft wenig. Häufig genug wird sie als Korrektiv zum eigenen Fehlverhalten mehr oder minder masochistisch genossen, ohne dass die Eigentlichkeit des jeweiligen Verhaltens durch sie berührt würde. Berührt werden kann diese Eigentlichkeit nur in und aus dem Bewusstsein heraus, dass die eigene Bestimmung als Natur-, Sozial- und Geistwesen nur einen mehr oder minder genau umrissenen Verhaltensspielraum eröffnet, dessen

Überschreitung das je und je in Frage stehende Verhalten in seinem Bezug auf die eigene Daseinsmitte zentrifugal, peripher oder gar selbstzerstörerisch erscheinen lässt. Der so in der Eigentlichkeit seiner Existenz Berührte wird seine narzisstischen Süchte nicht mehr lieben; er wird sie abzustoßen versuchen, wird versuchen, *agape* zu leben,[27] vom *amour propre* zum *amour de soi* zu gelangen, um mit Rousseau zu sprechen.[28] In ihm mag jene Hoffnung zum Tragen kommen, die sich auf Hegels Diktum gründet: Ist das Reich der Vorstellungen erst revolutioniert, kann die Wirklichkeit nicht lange standhalten.[29] So weit so gut. Die Frage aber bleibt, wie es zur Revolutionierung des Reiches der Vorstellungen kommen, wie die immer wieder angesprochene Wahrnehmungs-, Bewusstseins- und Gefühlsreform bewirkt werden kann.

Dynamischer Kern und Richtkraft dieser inneren Reform kann einzig und allein die Ausweitung der mehrdimensional akzentuierbaren Erfahrung sein, das Anwachsen der Erkenntnis also, dass die bislang beschrittenen Wege nicht die richtigen sind, dass sie möglicherweise oder auch wahrscheinlich in die individuelle oder kollektive Katastrophe führen werden. Auch dies aber ist wieder leichter gesagt als getan, da die menschlichen Erfahrungsmöglichkeiten ganz offenkundig sehr unterschiedlich entwickelt sind. Was dem einen (mehr als) genug Grund zur inneren Reform ist, lässt den anderen reichlich kühl, weckt gar Hohn und Aggression. Liest man, um ein klassisches Beispiel zu wählen, die Propheten des Alten Testamentes - Jeremias etwa, Jesaias oder Hesekiel - nicht nur im Kontext der Bibel, sondern auch im Lichte archäologischer Forschung, so lässt sich unschwer erkennen, dass sie vielfach die Folgen von Vermeidbarem- und damit auch Vermeidbares vorhergesagt haben. Wenn Jeremias etwa Zedekia prophezeite, dass er dem König von Babel in die Hände gegeben werde (Jerem. 37, 17), so hätte Zedekia dies durch Verzicht auf den geplanten Verrat an Nebukadnezar II., dem er den Thron verdankte und der bei der ersten Eroberung Jerusalems die Stadt geschont hatte, vermeiden können. Dessen Strafexpedition, die im Jahre 587 v. Chr. zur Verwüstung Jerusalems und zur Deportation der nicht schon früher deportierten Reste der jüdischen Oberschicht führte, war eine wenn nicht logische, so doch alles andere als unwahrscheinliche Folge von Zedekias Illoyalität.[30]

Es ist dies nur eins von zahllosen Beispielen aus dem reichen Fundus der Geschichte - ein Beispiel überdies, dessen Kausalitätsbrücke eher noch auf schwächeren Pfeilern steht als die überaus massive, die sich zwischen unserem lieblosen Umgang mit der Natur und dem dramatischen Schwinden unserer natürlichen Lebensgrundlagen spannt. Aber auch in diesem Bereich ist die Kausalbeziehung nicht überall so evident wie im Verhältnis von Treibgaseinsatz, Vergrößerung des Ozonlochs und Explosion der Hautkrebsrate. Und gerade deshalb erscheint mir dieses Beispiel so wichtig. Es verweist auf die unbequeme, dem egalitären Denkstil der Moderne (außer in der Form einer formalisierten Wissenschaftsgläubigkeit) eher fremde Erkenntnis, dass die Wahrnehmungs- und Einsichtsfähigkeit der Menschen eine erhebliche Variationsbreite aufweist, dass es Blinde, Halbblinde, Sehende und weit Voraussehende gibt. Und natürlich auch auf die uralte Weisheit, dass die Götter mit Blindheit schlagen, wen sie verderben wollen. Und wenn man ungeachtet solcher Spruchweisheit und eingedenk des zum dualistischen und monistischen Weltbild Gesagten auch füglich daran zweifeln mag, dass der Himmel jemanden verderben will, so darf man vielleicht andererseits darauf hoffen, dass er uns alle sehend machen will. Und dieses Sehendwerden ist eben häufig genug ein schmerzhafter Prozess: „du merkst erst den rand/wo du gebüßt hast für den übertritt" heißt es in Stefan Georges „Der Mensch und der Drud".[31]

Das Büßen für unsere individuellen und kollektiven Übertretungen des im kosmischen Überlebenswissen geborgenen Liebesgebots hat längst begonnen. Wenn nicht alle Zeichen trügen, wird sich die Reihe der unserer Menschheitsstunde auferlegten Plagen unaufhörlich verlängern und verstärken, wenn wir den „rand" unseres Kulturfeldes nicht besser erspüren als bisher. In Pieter Breughels prophetischem Gemälde mit dem Titel Der Sturz des Ikarus [32] pflügt der Bauer ganz nahe am Steilhang des Meeres, in das Ikarus gerade gestürzt ist.

Zum Schluss noch einmal die Frage: Was hat Politik mit Liebe (und damit auch mit der Bereitschaft zu Frieden) zu tun? Da sich die Frage nach all dem Gesagten nur mehr therapeutisch an die Zukunft richtet, mag die Antwort auch kurz und bündig sein: Individuelle und kollektive, private und politische Randschau müssen sich wechselseitig durchdringen. Auch im energetischen Wechselfluss von Politik und Bürger gilt das Goethe-Wort: „Halb zog sie ihn, halb sank er hin".[33] Und dies ganz unabhängig davon, ob von verantwortungsfrohem Liebesimpuls die Rede ist oder von unverantwortlicher

Liebelei. Recht besehen, gibt es zwischen diesen beiden Alternativen keine Wahl. Nehmen wir sie wahr!

Anmerkungen

* Erstveröffentlichung in: Eberhard Sens (Hrsg.), Am Fluß des Heraklit. Neue kosmologische Perspektiven, Frankfurt am Main und Leipzig 1993, S. 348 ff.

1 Vgl. R. G. Waldeck, Venus am Abendhimmel. Talleyrands letzte Liebe, Hamburg 1951 ff.

2 Vgl. hierzu ausführlich: P. C. Mayer-Tasch, Das Ganze und die Glieder, in: P. C. Mayer-Tasch/A. Adam/H.-M. Schönherr (Hg.), Natur denken. Eine Genealogie der ökologischen Idee, Frankfurt/Main 1991, S. 11 ff.

3 Ernst Binder, Pythagoras, Stuttgart 1962, 5.96.

4 Vgl. Othmar Spann, Der wahre Staat. Vorlesungen über Abbruch und Neubau der Gesellschaft, Jena 1938 (4. Aufl.), S. 26 ff.

5 Vgl. hierzu statt anderer Wolfgang Stegmüller, Das Universalienproblem einst und jetzt, Darmstadt 1965, S. 48 ff.

6 Max Stirner, Der Einzige und sein Eigentum, in: ders., Der Einzige und sein Eigentum und andere Schriften, hg. v. H. G. Helms, München 1968 (2. Aufl.), S. 34 ff.

7 Vgl. hierzu ausführlich P. C. Mayer-Tasch, Hobbes und Rousseau. Aalen 1992 (3. Aufl.), S. 30 ff.

9 Vgl. Lujo Brentano, Die Anfänge des modernen Kapitalismus. München 1916, S. 13.

10 Vgl. Erich Fromm, Haben oder Sein, Stuttgart 1976.

11. To Alexis de Tocqueville, Über die Demokratie in Amerika, aus dem Französischen übertragen von Hans Zbinden, Stuttgart 1959/62, 11 4, Kap. 6, S. 342.

12 Vgl. Aldous Huxley, Schöne neue Welt. Ein Roman der Zukunft, Frankfurt/Main 1953 ff.

13. Vgl. hierzu P. C. Mayer-Tasch u. a., Politische Theorie des Verfassungsstaates, München 1991, S. 37 ff. sowie S. 211 ff.

14 Vgl. P. C. Mayer-Tasch i. Verb. m. F. Kohout, B. M. Malunat, K. P. Merk, Die verseuchte Landkarte. Das grenzen-lose Versagen der internationalen Umweltpolitik, München 1987.

15 Vgl. Albert Schweitzer, Kultur und Ethik, in: Gesammelte Werke in 5 Bänden, Bd. 2, Berlin/Zürich 1974, S. 377.

16 Vgl. P. C. Mayer-Tasch, Altlast Recht. Wider die ökologischen Defizite unseres Rechtssystems, Frankfurt 1992.

17 Vgl. Sigmund Freud, Zur Einführung des Narzißmus, in: ders., Gesammelte Werke, Bd. X, Frankfurt/Main 1946, S. 139 ff.

18 Mit guten Gründen nennt der amerikanische Psychologe und Soziologe Christopher Lasch unsere zivilisato-

rische Epoche Das Zeitalter des Narzißmus. Vgl. sein gleichnamiges Werk (München 1980).

19 Johan Galtung, Violence, Peace and Peace Research, in: Journal of Peace Research 6, 1969.

20 Grundzüge des Verfassungsrechts der Bundesrepublik Deutschland, Heidelberg 1990 (17. Aufl.), Rdnr. 72 und passim.

21 Vgl. Gunther Küchenhoff, Naturrecht und Liebesrecht, Hildesheim 1962 (2. Aufl.), S. 65 ff. und passim. Küchenhoff unterscheidet zwischen Nächstenliebe und sozialer Liebe (vgl. a.a.O., S. 11).

22 Schon in den Rig-Veden und den Upanishaden wird die Vereinigung der physischen (Rga) und der sittlichen Weltordnung (Dharma) mit der Wahrheit (Satya) zur ganzheitlichen Einheit vorgezeichnet. Die Lehre von Brahman erfaßt Liebe und Gerechtigkeit als die zwei zueinander gehörenden, weltgestaltenden Kräfte. Der Weg zum Absoluten führt in der brahmanischen Offenbarung als ewiger Wahrheit über die Weisheit und den Glauben; in der brahmanischen Offenbarung als ewiger Liebe jedoch über Liebe und Demut. Dieser Pfad der Liebe wird in der Bhagavadgita geschildert. Es ist der Pfad der demütig staunenden, sich vom anderen ob Ideen, Dinge, Pflanzen, Tiere, Menschen oder Gott-de-mütig erfüllenden Liebe. Vgl. hierzu u. a. S. Radhakrishnan, Indische Philosophie, übersetzt von Rudolf Jockel, Darmstadt/Baden-Baden/Genf 1965, Bd. 1, S. 580/1, 475 ff., 481.

23 Vgl. Joachim von Fiore, Das Zeitalter des Heiligen Geistes, hg. und eingeleitet v. Alfons Rosenberg, Bietigheim 1977.

24 Vgl. hierzu Johannes Werner Klein, Ihr seid Götter. Die Philosophie des Johannes-Evangeliums, Pfullingen 1983 (2. Aufl.)

25 Vgl. Baruch de Spinoza, Theologisch-Politischer Traktat, übertragen und eingeleitet nebst Anmerkungen und Registern von Carl Gebhardt, Hamburg 1955 (1670), S. 122 ff.

26 Vgl. Elisabeth Gould Davies, Am Anfang war die Frau, München 1977.

27 Zur Agape vgl. etwa Viktor Warnach, Agape. Die Liebe als Grundmotiv der neutestamentlichen Theologie, Düsseldorf 1951, S. 186 f.

28 Vgl. Jean-Jacques Rousseau, Diskurs über die Ungleichheit, übersetzt, kommentiert und hg. v. Heinrich Meier, Paderborn u. a. 1984, S. 148 ff., S. 368 ff.

29 Briefe von und an Hegel, Bd. I (1785-1812), hg. v. Johannes Hoffmeister, Hamburg 1969 (3. Aufl.), S. 255 (Hegel an Niedhammer, 18. Okt. 1808).

30 Vgl. Petra Eisele, Babylon. Pforte der Götter und Große Hure, Bern u. München 1980, S. 52 ff.

31 Stefan George, Der Mensch und der Drud, in: ders., Das Neue Reich, Düsseldorf/München 1964, S. 74.

32 Abgebildet auf dem Einband von Mayer-Tasch, Ein Netz für Ikarus. Zur Wiedergewinnung der Einheit von

Natur, Kultur und Leben, 2. Aufl., München 1990. Das Original hängt im Brüsseler Musée des Beaux Arts.

33 J. W. v. Goethe, Der Fischer, in: Goethes Werke, hg. v. Erich Trunz, München 1981, Bd. 1, S. 15 ff.

GPSR Compliance
The European Union's (EU) General Product Safety Regulation (GPSR) is a set of rules that requires consumer products to be safe and our obligations to ensure this.

If you have any concerns about our products, you can contact us on

ProductSafety@springernature.com

In case Publisher is established outside the EU, the EU authorized representative is:

Springer Nature Customer Service Center GmbH
Europaplatz 3
69115 Heidelberg, Germany

www.ingramcontent.com/pod-product-compliance
Lightning Source LLC
LaVergne TN
LVHW011004250326
834688LV00004B/64